汽车数字手绘表现技法

罗剑　编著

化学工业出版社

·北京·

本书作者凭借多年的教学经验和过硬的手绘功底，专门针对当前工业设计手绘中日趋主流的数字手绘表现形式，打造了这本《汽车数字手绘表现技法》教程。本书从对汽车数字手绘的认知入手，分别对汽车数字手绘的手势、线稿、笔触、面体、光影等技法进行详细地分析和讲解。结合大量汽车数字手绘案例和效果图，以步骤图的形式剖析手绘要点，旨在使零基础、基础比较弱的读者快速领会和掌握汽车数字手绘表现的技法和特点，提高汽车手绘表现从基础到高阶的综合能力。

本书适用于汽车造型设计相关专业学生和汽车手绘爱好者阅读，也可作为培训机构的教材或参考书使用。

图书在版编目（CIP）数据

汽车数字手绘表现技法/罗剑编著．—北京：化学工业出版社，2020.3
ISBN 978-7-122-35926-1

Ⅰ.①汽⋯ Ⅱ.①罗⋯ Ⅲ.①数字技术-应用-汽车-设计-绘画技法 Ⅳ.①U462-39

中国版本图书馆CIP数据核字（2020）第027180号

责任编辑：刘　琳　　　　　　　　　　　　装帧设计：王晓宇
责任校对：栾尚元

出版发行：化学工业出版社（北京市东城区青年湖南街13号　邮政编码100011）
印　　装：北京宝隆世纪印刷有限公司
710mm×1000mm　1/12　印张12¹/₂　字数251千字　2020年6月北京第1版第1次印刷

购书咨询：010-64518888　　　　　　　　　售后服务：010-64518899
网　　址：http://www.cip.com.cn
凡购买本书，如有缺损质量问题，本社销售中心负责调换。

定　　价：68.00元　　　　　　　　　　　　　　　　　版权所有　违者必究

前 言
Preface

  汽车数字手绘作为一种将设计构思表达出来的重要方式、设计专业的基本功，一直是汽车造型设计中不可或缺的重要组成。随着时代发展，利用数位板、鼠标等与绘画软件互相配合，在电子产品上绘图的数字手绘，凭借其效果更精细、修改更高效、保存更方便的优势，在工业设计领域和广大手绘爱好者中越来越受到欢迎，迅速形成了一种新的绘画艺术语言。为了帮助广大汽车造型设计专业的学生和汽车手绘爱好者更好地掌握汽车数字手绘技能，提高专业水平，笔者围绕汽车造型数字手绘的特点和读者的需求，编写了《汽车数字手绘表现技法》一书。

  本书从对汽车数字手绘的认知入手，分别对汽车数字手绘的手势、线稿、笔触、面体、光影等技法进行详细地分析和讲解。针对不同车型及汽车元素，结合大量汽车数字手绘案例和效果图，以步骤图的形式剖析手绘要点，旨在使零基础、基础比较弱的读者快速领会和掌握汽车数字手绘表现的技法和特点，提高汽车手绘表现从基础到高阶的综合能力。

  笔者有多年从事工业设计教学的经验。本书编写力求做到内容丰富、步骤图细节精细，方便读者学习和临摹使用，有较强的可读性和实用性。

  本书适用于汽车造型设计相关专业学生和汽车手绘爱好者阅读，也可以作为培训机构的教材或参考书使用。

  由于笔者学识有限，书中不足之处在所难免，恳盼读者给予指正。

编著者

目录 CONTENTS

第1章 汽车数字手绘基础 / 001

- 1.1 数字手绘的特点 / 001
  - 1.1.1 图层的特点 / 003
  - 1.1.2 笔触的特点 / 003
  - 1.1.3 橡皮的特点 / 004
  - 1.1.4 滤镜的特点 / 004
- 1.2 汽车数字手绘工具及操作 / 007
  - 1.2.1 Photoshop基础知识 / 007
  - 1.2.2 命令及工具使用 / 008
  - 1.2.3 渐变工具 / 010
  - 1.2.4 画笔 / 011
  - 1.2.5 铅笔、橡皮擦工具 / 012
  - 1.2.6 图章工具、历史记录画笔 / 013
  - 1.2.7 文字 / 013
  - 1.2.8 钢笔工具 / 014
  - 1.2.9 路径选择工具 / 015
  - 1.2.10 形状工具 / 015
  - 1.2.11 图层样式 / 015
  - 1.2.12 辅助工具 / 016
  - 1.2.13 文件菜单 / 016
  - 1.2.14 编辑菜单 / 017
  - 1.2.15 图像菜单 / 018
- 1.3 数字手绘手势要领 / 024
  - 1.3.1 数字手绘的握笔方式 / 024
  - 1.3.2 数字手绘中手腕摆动与画笔行程分析 / 024
  - 1.3.3 画笔柔边圆与硬边圆按压喷涂分析 / 025
  - 1.3.4 数字手绘的手势角度 / 026

第 2 章 汽车数字手绘的塑造 / 027

- 2.1 汽车数字手绘的线稿 / 027
  - 2.1.1 线条 / 027
  - 2.1.2 线稿比例 / 034
  - 2.1.3 数字手绘中线的应用 / 039
- 2.2 汽车数字手绘的笔触 / 043
  - 2.2.1 数字手绘笔触和软件的关系 / 044
  - 2.2.2 数字手绘笔触和硬件笔的关系 / 045
  - 2.2.3 笔触在汽车数字手绘效果图中的应用 / 046
- 2.3 汽车数字手绘的面体 / 050
  - 2.3.1 如何塑造基本面体造型 / 050
  - 2.3.2 复杂面体的塑造 / 060
  - 2.3.3 整车面体塑造 / 071
- 2.4 汽车数字手绘的光影 / 081
- 2.5 实例解析 / 086

第 3 章 汽车数字手绘作品的排版 / 104

第 4 章 汽车数字手绘效果图表达赏析 / 114

- 4.1 跑车 / 114
- 4.2 轿车 / 124
- 4.3 SUV / 132
- 4.4 其他车辆 / 138

第1章

汽车数字手绘基础

1.1 数字手绘的特点

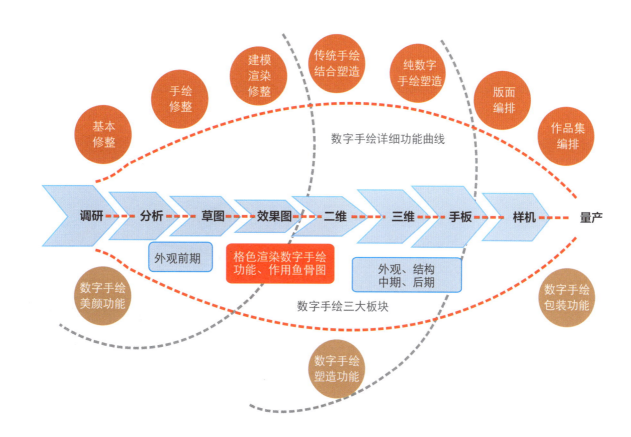

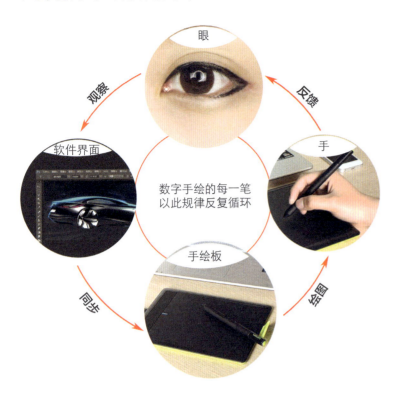

众所周知，手绘效果图有多种表现方式，可以用纯纸质表现，也可以用纸质文档+数字手绘的方式表现，还可以用纯数字手绘方式表现。但是不管哪种方式，都绝不是一两天就能熟练掌握的，就像使用彩铅或者马克笔一样是要有一个过程。这个过程是由简单到复杂，由低阶到高阶，由浅到深，第一步就是数字手绘基础认知，也就是要全方位认识数字手绘。

数字手绘是人手+手绘板（相当于传统手绘的彩铅、马克笔）+软件界面（相当于传统手绘的纸张）+眼，四方面共同协调同步进行的。数字手绘的要点是要求每一位数字手绘者都全神贯注，把注意力都汇聚在手中的那支触控笔上面。

之所以说数字手绘有别于用彩铅和马克笔在纸面上绘制，是因为数字手绘（也可简称数绘）不仅考验的是小伙伴们手绘的技巧，也要考查小伙伴们对软件的命令熟悉程度以及眼、板、屏的协调度，简而言之就是更具有挑战性。

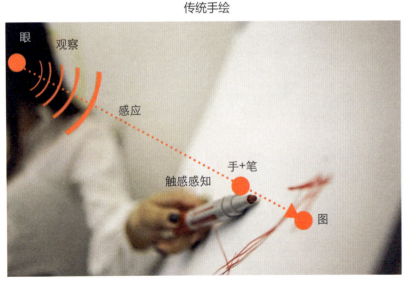
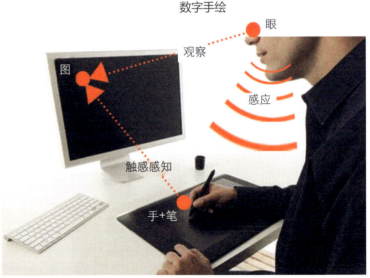

传统手绘与数字手绘中的感知感应分析对比

1.1.1 图层的特点

数字手绘与传统手绘相比，一个非常明显的不同就是彩铅、马克笔绘图是不断往画面（纸面）上叠加，并且只有一个图层就是纸张，而数字手绘是可以叠加再减少，然后再叠加，其图层是可以无限的，除此之外，线条认知、线稿基础、光影造型、润色思维转换、光源配色形态、黑白造型表达、材质数字手绘物理属性表达、CMF（Color，Material，Finishing）材质数字手绘工艺属性表达过渡到底色高光表现、综合产品数字手绘表现等都有区别。

数字手绘相对而言可调整度更高。为什么这么讲？因为用彩铅、马克笔工具画出的手绘图效果是真正的最终效果（画成什么样就基本定型了），而数字手绘画出的效果，最后十分钟还能从头到尾改一遍，可以颠覆性改动，每一笔颜色都是活动的，每个图层都是分开的。

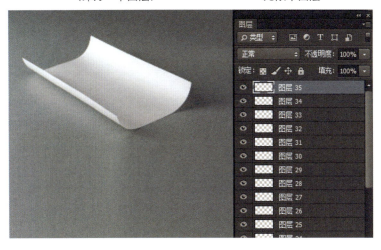

▼ 传统手绘一张纸（即为一个图层）　　数字手绘无限个图层 ▼

1.1.2 笔触的特点

数字手绘是一种比较容易出来效果的表现形式，其根本原因就是，有很多本该在传统手绘里面一笔一笔手工完成的笔触，在数字手绘里面可以用命令来完美替代，也就是说数字手绘的过程中有电脑的命令辅助帮助你更好地去完成手绘效果。就拿渐变这个手绘表现技能为例，传统手绘和数字手绘就有着非常大的区别。

① 用马克笔表达渐变主要靠一根一根的笔触排列，通过疏密达到渐变效果，但是通常都会有笔触出现，尤其对于初学者更是如此。

② 用色粉表达渐变是要用色粉不断擦拭，通过摩擦纸面的方式来达到渐变效果。

③ 用软件里面的渐变工具表达渐变就可以直截了当、快速表现，是没有笔触的光滑渐变，这种渐变是由软件命令辅助达成的，并不是真用手去擦拭。

用马克笔表达渐变

用色粉表达渐变

用数字手绘表达渐变

1.1.3 橡皮的特点

数字手绘的橡皮擦拭效果是可以做到精准控制的，可以精准控制橡皮擦拭的直径大小、擦拭的力度轻重。比如可以对橡皮的擦拭力度也就是橡皮笔触的不透明度进行设定，找到橡皮擦工具命令以后点击触控笔上面的按钮（相当于鼠标右键）会出来一个橡皮属性的调整界面，可以调整橡皮的形状和直径大小。

橡皮工具和画笔工具一样，都可以调节不透明度和流量。以PS里面画笔为例，流量就像水彩笔一样，蘸的水越多流量就越大，颜色就越深。如果流量小，颜色就浅，打算把颜色变深就需要多涂几遍。同理，橡皮工具也是这样的，流量越大擦除越干净。流量设置成最大（100%）时是连续点连成的线，流量的数值调节变小时是断断续续的点连成的线，流量调节的是点的数量，而不透明度调节的是点的透明度。对于流量和不透明度说得通俗一点就是，如果把不透明度调整成0，图片就完全透明了；如把不透明度调整成50%，图片就半透明了。

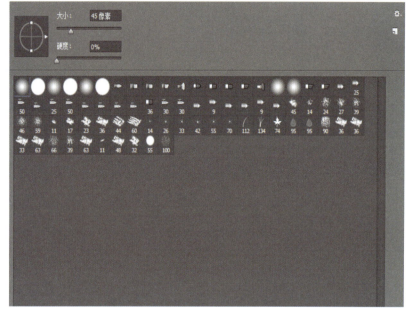

设定橡皮的不透明度数值，流量不变。

如要把图像完全擦除，可以把不透明度、流量都调成100%。

1.1.4 滤镜的特点

数字手绘的另一个优势就是有各种滤镜效果，也就是各种辅助特效，可以让手绘效果图增色不少，也可以省去很多事，制作出传统手绘做不到的效果。比如要表现一个汽车快速移动的视觉感受，可以借助滤镜里面的径向模糊来表现。

①

②

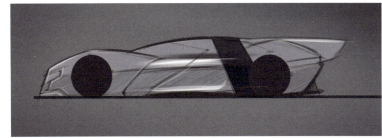

③

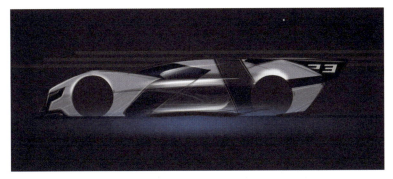

④ 此时的效果呈现出来了。可以看到这是一辆完全静止的车，如果要让这辆车动起来，我们可以借助滤镜来处理。

⑤ 点击滤镜→模糊→径向模糊。

⑥ 调节径向模糊的数值。

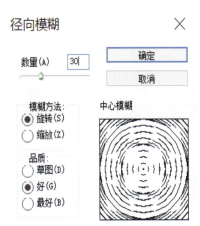

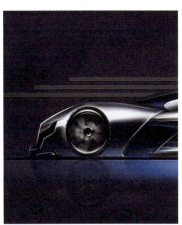

Chapter 01　第1章　汽车数字手绘基础　005

⑦ 轮胎轮毂都已经进行了径向模糊的滤镜效果处理。

⑧ 对汽车背景进行动感模糊处理，动感模糊的角度调成0，即为水平方向的动感。

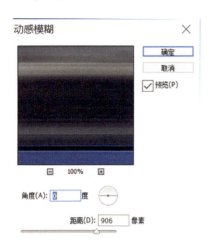

⑨ 背景进行动感模糊之后，整体的汽车动感就更加强烈了。

前面提到数字手绘可以作为传统手绘的后期处理，也就是传统手绘和数字手绘结合；也可以是无传统手绘参与的纯数字手绘。数字手绘容易出效果，通过正确、有效的方法加以适当练习可以让小伙伴们感觉到进步是非常明显的。不过除了画好数字手绘的基础练习，对数字手绘产品细节的塑造能力也要照顾到，归根到底就是要不断加强自己的观察能力，首先你要有意识，才会想着去塑造出来。数字手绘可以随时编辑、改变你所绘制的设计造型。

1.2 汽车数字手绘工具及操作

1.2.1 Photoshop基础知识

数字手绘通常是利用美国Adobe公司开发的图像处理软件Photoshop完成的，Photoshop常用的功能大致可以分为数字手绘美颜功能、数字手绘塑造功能和数字手绘包装功能三类。

（1）启动

① 窗口组成：标题栏、菜单栏、属性栏、工具箱、面板、状态栏、文件编辑区。

② 打开：在灰色区域双击（Ctrl+O）。

③ 新建：按Ctrl双击灰色区域（Ctrl+N）。

a.名称：文件名默认是"未标题-1"。

b.预设：Photoshop提供的预设文件大小。

c.宽度、高度：自定义文件大小（单位：默认为像素）。

d.分辨率：通常数字手绘文件打印所需分辨率为300像素/英寸或更高。

e.颜色模式：即颜色显示模式。常用模式包括RGB模式（数字手绘效果图常用）、CMYK模式和灰度模式。

f.背景内容：选择一种背景色（白色、背景色或透明）。

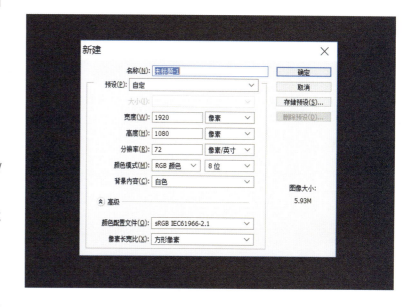

（2）数字手绘图像的概念

① 像素：像素是构成图像的最基本（最小）的单位，例如把一张数字手绘效果图不断放大，可以清晰看到一个一个的像素单位。

② 分辨率：分辨率是指单位面积上像素点的多少，用PPI来表示。

③ 图像分类：

a.位图：又称点阵图或光栅图，一般用于照片品质的图像处理，放大后失真。位图分辨率与清晰程度有关，分辨率越大，图像越清晰。

b.矢量图：放大后不失真，一般用于工程图。

（3）文件保存

文件保存的快捷键为Ctrl+s，文件另存为的快捷键为Ctrl+Shift+s，文件储存默认扩展名".psd"。

1.2.2 命令及工具使用

（1）选取工具属性

① 加选：Shift键。

② 减选：Alt键。

③ 交叉选：Shift键+Alt键。

④ 羽化：将选区边缘像素点产生模糊效果，羽化半径值越大产生模糊效果越大。羽化命令的路径为"选择/羽化"（快捷键Ctrl+Alt+d）。

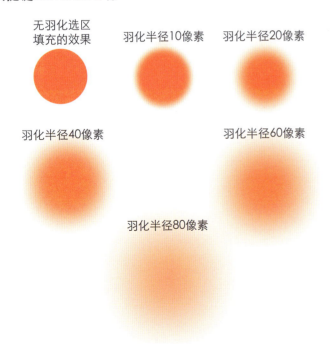

⑤ 样式：可对选区大小进行精确设置。

a.变换选区：选区上单击右键，选择"变换选区"命令。

b.等比缩放：Shift键+Alt键。

加选、减选、交叉选功能及羽化功能，均适用于手绘的交换工具、套索工具和魔术棒工具。

（2）图层及图层的应用

可以把图层看作是与文件等大的透明纸，层与层之间没有任何影响，便于修改，不影响整体效果。

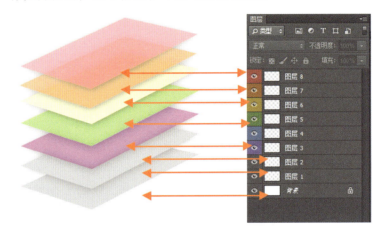

图层应用中常见的操作及快捷键如下。

① 新建图层：图层/新建（Ctrl+Shift+n）。

② 新建图层背景：图层/新建/图层背景（背景层上双击）。

③ 复制图层：将图层向"新建"按钮处拖动，或选择移动工具同时按Alt键，拖动图像复制图层。

④ 在当前图层下方建立新图层：Ctrl+新建按钮。

⑤ 将当前图层下移一层：Ctrl+[。

⑥ 将当前图层上移一层：Ctrl+]。

⑦ 隐藏或者显示图层面板：F7。

⑧ 调出当前图像选区：Ctrl+单击图层缩览图。

⑨ 加选图层选区：Ctrl+Shift+单击图层缩览图。

⑩ 拼合图层：Ctrl+e。

（3）数字手绘变换工具

数字手绘工业设计中变换工具使用频率非常高，一个很主要的原因是变换工具可以自由调整图像（全部或局部）的比例、角度、透视等关系，其中调整比例是最基本的一种自由变换。换句话说，造成自由变换（Ctrl+t）使用频率高的原因是数字手绘的时候经常会出现比例、透视调整问题。

变换工具中常见的操作及快捷键如下。

① 自由变换：Ctrl+t。

② 对角点等比缩放或以15°倍数旋转：Shift。

③ 中心点等比例缩放：Shift+Alt。

④ 对称变换：Alt。

⑤ 透视变换：Ctrl+Alt+Shift。

⑥ 单点移动（扭曲）：Ctrl。

⑦ 锁定方向单点移动（斜切）：Shift+Ctrl。

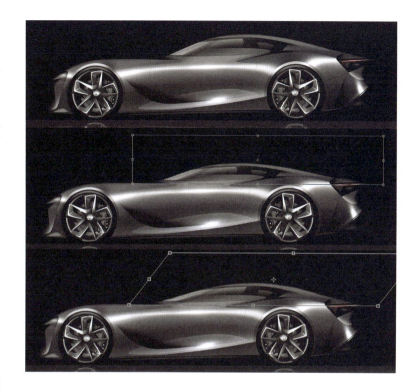

默认背景图层是被锁定的，不能变换或者移动。靠近图层左边"眼睛标志"表示显示或隐藏图层。

（4）数字手绘套索工具（L）

套索工具用于随意产生一个选区，数字手绘使用频率最多的是多边形套索。使用多边形套索时，任意多边形选区必须首尾点重合，也就是说选区必须闭合起来（相当于画笔的起笔和收笔必须在一个点上面）。磁性套索可自动吸附产生选区。套索工具的主要参数是频率，频率可用于设置中间节点的间距，频率值越大，间距越小，选取越精确。

套索工具中常见的操作及快捷键如下。

① 快速将首尾点相连：Ctrl。

② 删除节点：Delete或退格键（Tab）。

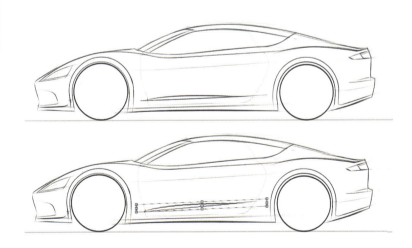

③ 退出该命令：Esc。

（5）魔术棒工具（W）

数字手绘时选择背景等大块颜色时，可用魔术棒工具来选取颜色相似的一部分。魔术棒工具的主要参数是容差，容差值的大小决定选取范围的大小，容差值越大，选取范围越大，但颜色相似度小，容差值越小则相反。

魔术棒工具中常见的操作及快捷键如下。

① 放大图像及窗口：Ctrl+Alt+ 加号。

② 缩小图像及窗口：Ctrl+Alt+ 减号。

③ 选区反向选择：Ctrl+Shift+i。

④ 移动图片：空格键。

⑤ 放大图片：Ctrl+ 加号（Ctrl+ 空格+点击图片）。

⑥ 缩小图片：Ctrl+ 减号（Alt+ 空格+点击图片）。

（6）油漆桶工具（G）

油漆桶工具实际上就是填充工具，可用于填充颜色。油漆桶工具的主要参数有不透明度和容差值，可以通过调整这两个参数来改变填充颜色的深浅程度和相似程度。

 锁定透明像素、透明区域不能进行颜色填充。

1.2.3 渐变工具

① 渐变工具：可分为线性渐变、径向渐变、角度渐变、对称渐变、菱形渐变等。

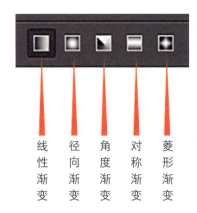

线性渐变 径向渐变 角度渐变 对称渐变 菱形渐变

线性渐变在数字手绘领域通常用来表达效果图的背景氛围、产品本身的环境色、反光等，渐变的颜色以直线呈现。

线性渐变-渐变的颜色以直线方式呈现

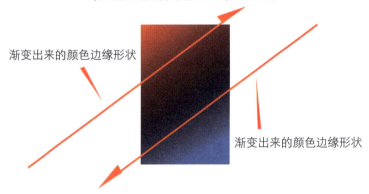

渐变出来的颜色边缘形状

渐变出来的颜色边缘形状

径向渐变在数字手绘领域通常用来绘制球体产品，渐变的颜色向四周360°发散式呈现。

径向渐变-渐变的颜色向四周360°发散式呈现

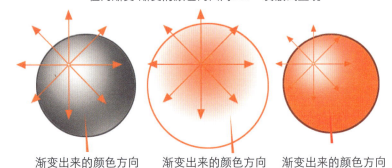

渐变出来的颜色方向

角度渐变中渐变的颜色以顺时针或者逆时针旋转式呈现。

角度渐变-渐变的颜色以顺时针或者逆时针旋转式呈现

渐变出来的颜色方向　　渐变出来的颜色方向

对称渐变中渐变的颜色呈现羽化长条形。

对称渐变-渐变的颜色呈现羽化长条形

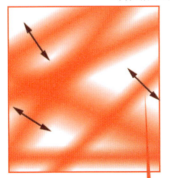
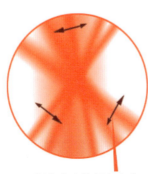

渐变出来的颜色方向　　渐变出来的颜色方向

菱形渐变中渐变的颜色呈现菱形。

菱形渐变-渐变的颜色呈现菱形

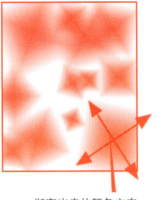

渐变出来的颜色方向　　渐变出来的颜色方向

② 模式：用来设置渐变色与下面图像的混合模式。

③ 反向：渐变颜色顺序颠倒。

④ 透明区域：支持透明渐变色（数字手绘中多用来进行光影、材质的塑造）。

1.2.4　画笔

（1）画笔工具（B）

数字手绘中的笔基本指的就是画笔工具，可以在属性栏中"画笔"选项内设置数字手绘的笔触形状、直径大小和软硬度等属性。

① 画笔形状：除了基本的彩铅、马克笔笔头形状外，还有许多其他形状，视具体工业产品的设计和效果而定。

② 画笔直径：就是画笔的笔头粗细，依照绘制面积而定，绘制面积越大，选择的画笔直径越大，绘制面积越小，则选择的画笔直径越小。

③ 画笔笔头边缘软硬程度：有点像马克笔的硬笔头和软笔头。

④ 画笔的宽窄度和角度：可以调整从哪一个方向下笔到图像上。

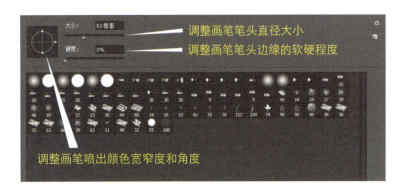

⑤ 喷枪：选择喷枪后，设置"流量"百分比，画笔在某一区域停留时间越长，绘制颜色越浓。

选择画笔工具后，可以点击画笔预设图标（快捷键F5）调出画笔调板，对画笔的参数进行具体调整。

① 画笔笔尖形状：设置笔尖形状、大小、角度、硬度、间距等。

② 形状动态：设置笔触不同大小、角度、圆度的随机性变化。

③ 散布：设置笔触四处飞散的自然效果。

④ 颜色动态：设置笔触颜色由前景到背景色变化，或随机性产生颜色变化。

（2）减淡、加深、海绵工具

数字手绘中使用频率较高的是减淡、加深工具，通常用来塑造产品受光、背光的层次变化；海绵工具用于降低饱和度，可以用Ctrl+u这个命令代替。

① 减淡工具：把颜色减淡（增加亮度）。

② 加深工具：把颜色加深（降低亮度）。

③ 海绵工具：降低饱和度（使图片变灰色）。

（3）数字手绘时调整画笔的相关快捷键

① 改变笔触直径大小：点击"["或"]"键，或者在数字手绘效果图上单击右键，设置笔触大小。

② 改变笔触硬度："Shift+["或"Shift+]"。

③ 自定义画笔：选取要定义的图案，"编辑/定义画笔"，保存与载入画笔，下一次用画笔时画出的每一笔都是这个自定义的效果。

1.2.5 铅笔、橡皮擦工具

（1）画笔模式

橡皮工具的画笔模式有多种选择，数字手绘中用的比较少。

混合画笔
基本画笔
书法画笔
DP 画笔
带阴影的画笔
干介质画笔
人造材质画笔
M 画笔
自然画笔 2
自然画笔
大小可调的圆形画笔
特殊效果画笔
方头画笔
粗画笔
湿介质画笔

（2）铅笔工具

铅笔工具画出的曲线生硬，有锯齿，通常在数字手绘中用的比较少。利用自动抹除，可以在前景色上涂抹，使该区域被抹成背景色。

（3）橡皮擦工具（E）

橡皮擦工具可根据背景色擦除。

① 背景橡皮擦：按Alt键单击颜色，可将吸取的颜色擦除掉，也可利用此工具抠图。

② 魔术橡皮擦：可将颜色相似的部分内容一次性擦除掉。

（4）模糊、锐化、涂抹（R）

扫描的图片不清楚时，可用锐化工具调整图片。

1.2.6 图章工具、历史记录画笔

（1）图章工具（S）

① 仿制图章工具：按Alt键吸取源点，可以在新位置（空白区域）绘制所选图像。仿制图章有复制作用，数字手绘中通常用来修补破损、残缺的颜色、图像或者用来抹去杂点、斑点等。

> 注
>
> 若在两个图像间使用仿制图章，必须要求两个图像的模式是相同的。

② 图案图章工具：可以向图像中添加图案，通过调整透明度、流量、模式等改变填充效果。另外可以利用矩形选框工具选取要定义的图案，"编辑/定义图案"，得到自定义的图案图章。

（2）历史记录画笔（Y）

历史记录画笔可对图像的修改进行恢复，快捷键F12可将未保存的图像恢复到原始状态。

1.2.7 文字

（1）文字工具（T）

数字手绘中文字工具通常用来表示工业产品的标识、文字标注、排版说明、版面内容等。

> 注
>
> 若要对文字进行滤镜、模糊等修改必须对文字进行栅格化，在图层上单击右键/栅格化，即可得到"图层/栅格化/文字"。

（2）文字工具中常见的操作及快捷键

① 修改文字属性：双击文字图层缩览图。

② 可间隔较大设置文字间距：选中文字，按Ctrl+Alt+左右方向键。

③ 可间隔较小设置文字间距：选中文字，按Alt+左右方向键。

④ 确定文字：Ctrl+回车。

⑤ 段落文字：鼠标拖拽拉出定界框。

⑥ 文字特效：利用滤镜改变文字效果，常用滤镜效果有"滤镜/扭曲/切变（需将图像直立）""滤镜/风格化/风""滤镜/扭曲/波纹""滤镜/扭曲/水波"。

1.2.8 钢笔工具

钢笔工具在数字手绘中常用来绘制精密效果,可以画出很精确的曲线。钢笔路径是由定位点和连接线(贝兹曲线)构成的一段闭合或开放的曲线段(通常数字手绘中的钢笔工具路径要闭合)。

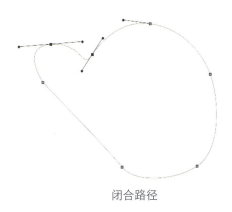

闭合路径

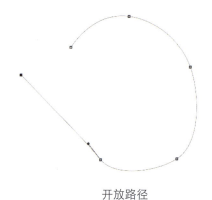

开放路径

选择钢笔工具,点击定位连接线和锚点,即可画出想要的线条。

选择转换点工具,可以将尖角点转换,使线条变为平滑曲线。

用转换点工具将尖角转换成平滑曲线

钢笔工具中常见的操作及快捷键如下。

① 移动锚点：点击锚点+Ctrl。

② 将路径转换为选区：Ctrl+回车键。

③ 打开设置菜单：在路径上点击右键。

> **提示**
>
> 如有需要，在钢笔工具状态下，可使用Ctrl+T命令对路径进行变形。

1.2.9 路径选择工具

首先将文字、选取等生成文字路径和选取路径。

文字路径：图层/文字/生成工作路径，可转为文字路径。

选区路径：选区上右键，生成工作路径。

① 路径选择工具（黑色箭头）：用于选择整条路径。

② 直接选择工具（白色箭头）：用于选择单个点或多个点。按Ctrl，可在路径选择工具与直接选择工具之间进行切换。按住Alt直接复制路径。

1.2.10 形状工具

自定义形状工具、多边形工具等形状工具通常在数字手绘中用于表现产品纹理特征、排版，以及背景纹样和特殊造型轮廓的绘制等。

① 自定义形状工具：属性栏中可选择自定义图案样式。Photoshop软件里面的自定义形状工具自带默认的就有几百种常用形状，这些形状放到图像里都是以路径的方式生成。另外还可以自己绘制路径，选择"编辑/自定形状工具"，自己创建自定义形状。

② 多边形工具：多边形工具可拖拽改变方向，在属性栏中可设置多边形边数，最少的边数是三边，也就是三角形。

③ 直线工具：可在属性栏中设置粗细。

> **注**
>
> 形状工具结合Shift键，拉出的形状路径可成90°方向改变。

三点后形成一个图形，便将前景色填充至形状中，并可随锚点而改变形状和位置（图层上右键，栅格化矢量蒙版）。当属性为"形状图层"时，在属性栏中可设置效果样式。

直接将前景色填充至形状中，不保留路径。

1.2.11 图层样式

图层样式是运用Photoshop软件工具在数字手绘中绘制效果图的重要手段之一，可以运用在除"背景层"以外的任意层中。

（1）图层样式的设置

调出图层样式菜单，有以下三种方式。

①"图层"菜单→图层样式。

② 图层面板上的"图层样式"按钮。

③ 图层缩览图上双击左键，弹出图层对话框。

（2）混合选项

混合选项中不透明度影响整体图层的变化；填充不透明度，仅影响图层像素、形状或文本，不影响图层效果。

（3）常用图层样式

数字手绘中常用图层样式有投影、内阴影、外发光、内发光、斜面和浮雕、渐变叠加等。

（4）针对图层的常见操作

① 复制图层样式：样式图层上右键/拷贝图层样式，选择图层/右键/粘贴图层样式。

② 拼合样式图层：将样式图层与下方空图层拼合，然后再与其他图像图层拼合。

③ 锁定透明像素：图层面板上方/锁定透明像素按钮，编辑/填充/保留透明区域。

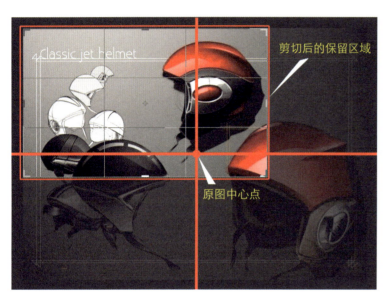

1.2.12 辅助工具

常用的辅助工具有裁剪工具（C）、注释工具（N）、吸管工具（I）、抓手工具（H）和缩放工具（Z）。

裁剪工具在数字手绘中通常用于构图、版面比例制作等可将图像多余部分剪掉，也可按精确尺寸和分辨率进行裁剪。裁切过程保留的图像和即将裁切掉的图像是有透视的，可查看裁剪后的图片与原图片中心点位置关系。裁剪工具可以设置裁剪后图像的宽度、高度和分辨率等属性。

1.2.13 文件菜单

（1）文件存储

文件的储存格式有好几种，每一种都有各自的特点和功能，数字手绘效果图绘制完成后通常会储存为PSD或JPG（JPEG）格式。

① PSD格式，是Photoshop自身文件格式，支持多图层，占用空间大，但是可以自由编辑，每一个图层都可以单独拿出来

进行编辑，可以存储成RGB和CMYK模式，而且是唯一支持所有可用图像模式、参考线、Alpha通道、专色通道、图层以及文字和声音注释的文件格式。

② BMP格式，是MS-Windows标准点阵式图形文件格式。

③ JPG（JPEG）格式，是一种压缩格式，占用空间小，但反复以JPG格式保存，会使图像品质变差，而且JPG格式是最终的图像效果，不能像PSD格式一样编辑图层。

④ GIF格式，是网页上应用最广的图像文件格式之一，占用空间小。GIF可以保留索引颜色中的透明度，但不支持Alpha通道。

⑤ TIFF格式，便于应用软件进行图像数据的交换。

⑥ EPS格式，用于印刷行业。

（2）置入

可将其他软件中的文件置入到Photoshop软件中打开。

（3）导入

可将数码相机和扫描仪中的图像通过WIA支持来导入。

（4）自动

用于批处理，高效率命令，可以对文件夹中的多个文件播放动作，通常给图片批量加水印可以用到这个命令。

1.2.14 编辑菜单

（1）切换模式

为查阅效果图方便，可以切换显示模式，利用快捷键（F）在标准模式和全屏模式间切换。

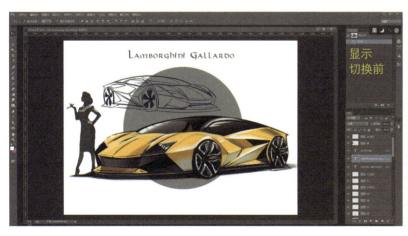

（2）图层混合模式

图层混合模式会使两个图层之间产生特殊效果，数字手绘效果图中会经常用到。比如图层混合模式里面的正片叠底，当用喷笔给线稿上色时，要把喷笔所在的图层设置成为正片叠底，这样每一个颜色喷上去是完全渗透到线稿当中的；如果喷笔颜色所在图层选择正常状态，那么喷笔喷出的颜色是浮在线稿之上的。

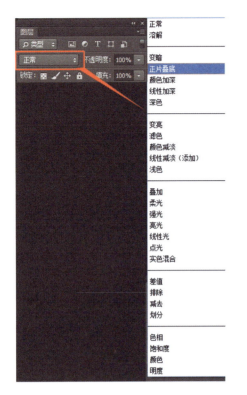

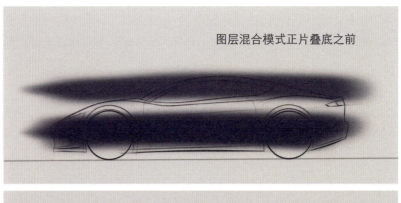

图层混合模式正片叠底之前

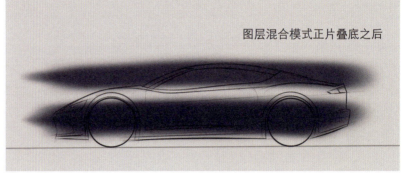

图层混合模式正片叠底之后

（3）"编辑"菜单

① 消褪命令：可更改任何滤镜、绘画工具、抹除工具或颜色调整的不透明度和混合模式。

② 合并拷贝：将多个单独图层的内容合在一起拷贝。

③ 清理：可清理历史记录和剪贴板中的内容，以提高机器运行速度。

1.2.15 图像菜单

（1）图像色彩

数字手绘色彩的基本概念有色相、亮度、饱和度、对比度。数字手绘中的色相是色彩的基本特征，指颜色的名称，如红色、紫色、绿色、蓝色等；亮度是指色彩的明暗程度，可通过曲线命令进行调整；饱和度又叫颜色的纯度，是指颜色的强度，它表示色相中灰色部分所占的比例；对比度又称明度，是指颜色相对明暗程度，通常使用从黑色至白色的百分比来度量。

色彩的溢色是指图像在打印时，由于CMYK的色域较窄，仅包含了使用印刷色油墨能够打印的颜色，在这种情况下，当不能打印的颜色显示在屏幕上时就称为溢色。

（2）菜单命令

① 色相/饱和度命令：可单独调整图像中一种颜色成分的色相、饱和度和明度。

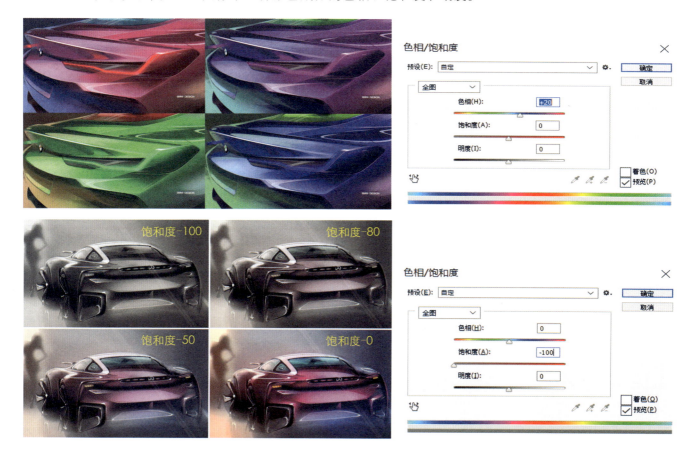

② 亮度/对比度命令：此命令只能对图像的亮度和对比度进行整体调整，不能对单个通道进行调整，因此建议不要把数值设置过大，以免引起图像中部分细节丢失。

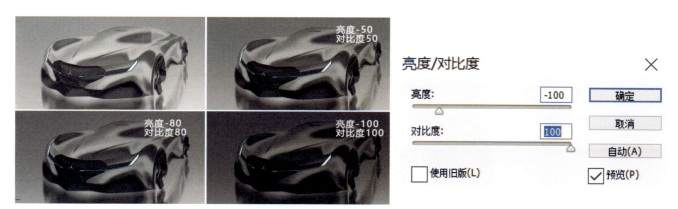

自动对比度命令：可自动调整图像高光和暗部的对比度，将图像中最暗的像素转为黑色，最亮的像素转为白色，从而加大对比度。

③ 曲线命令：可综合调整亮度、对比度、色彩（是反相、色调分离、亮度/对比度命令的综合），通过高速曲线的节点来调整图像的整个色调范围，可调整单个通道。"输入""输出"的值增大，图像变暗，反之则变亮。

④ 色阶命令：通过调整图像的暗调、中间调和高光等设置，来调整图像的色调范围和色彩平衡。可以对整个图像、某一选区或单个通道/多个通道（按Shift）进行调整。

自动色阶命令：自动定义每个通道中最亮和最暗的像素作为白色和黑色，适合调整简单的灰阶图，图中效果变化并不大，基本可以忽略。

⑤ 色彩平衡命令：可以调整图像的暗调、中间调、高光区各色彩组成部分，达到新的色彩平衡，说得通俗一点色彩平衡调整的是一种感觉，需要画面某一部分偏向哪一种颜色就把箭头往哪种颜色的方向移动。如果要对数字手绘效果图精确调整，应使用"色阶""曲线"等专门的色彩校正工具。

⑥ 去色命令：可以把数字手绘图像变成黑白色（灰度图像、RGB模式）。

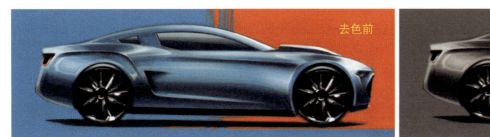
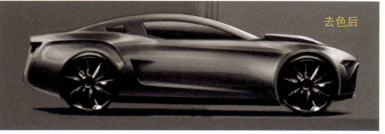

⑦ 反相命令：使图像以相反颜色显示，通常用在数字手绘中的线稿阶段，对数字手绘的线稿进行反色处理。

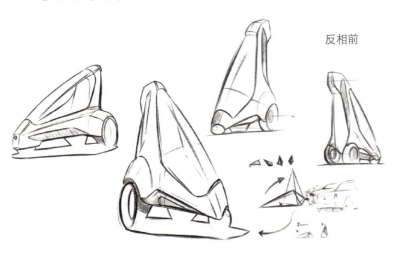
反相前

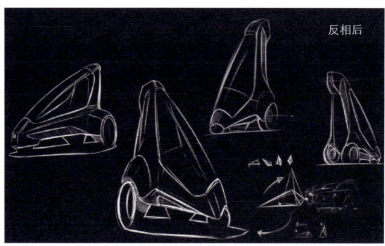
反相后

⑧ 阈值命令：可将灰度或彩色图像转换为高对比度的黑白图像。我们可以指定某个色阶作为阈值，所有比阈值亮的像素转换为白色，所有比阈值暗的像素转换为黑色。

设定阈值前

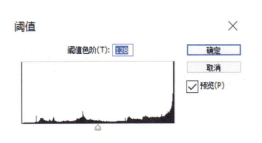

设定阈值后

（3）常用快捷键

标尺：Ctrl+r。

满画布显示：Ctrl+0。

原地拷贝新图层：Ctrl+j。

隐藏或显示参考线：Ctrl+'。

隐藏或显示浮动面板：Shift+Tab。

隐藏或显示工具栏、浮动面板：Tab。

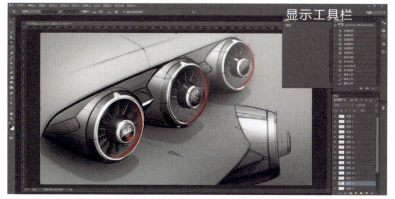
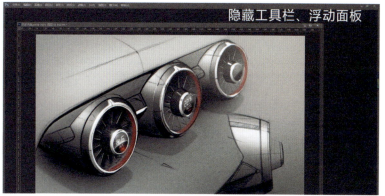

1.3 数字手绘手势要领

1.3.1 数字手绘的握笔方式

正确握触控笔方式

食指与拇指间隙8~9mm，解控笔功能键朝外

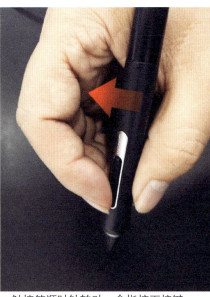
触控笔顺时针转动，食指按下按键

触控笔逆时针转动，拇指按下按键

1.3.2 数字手绘中手腕摆动与画笔行程分析

以手腕为圆心，数位板上滑动行程7cm

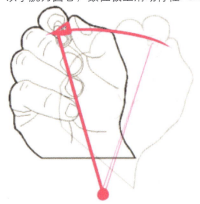

以拇指末端为圆心，数位板上滑动行程只有1cm

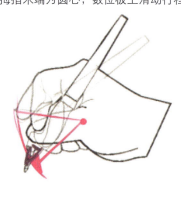

1.3.3 画笔柔边圆与硬边圆按压喷涂分析

（1）柔边圆效果

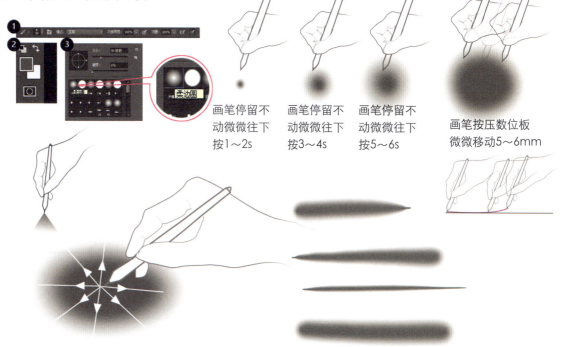

（2）硬边圆效果

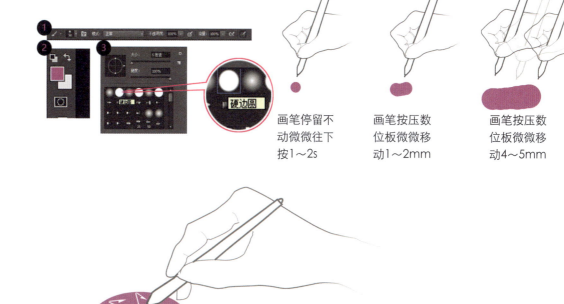

1.3.4 数字手绘的手势角度

无论画线还是润色笔触,都可以将画布旋转至顺手角度,通常斜45°为右手顺手角度,其他角度摆放产品都可旋转至倾斜45°绘制。

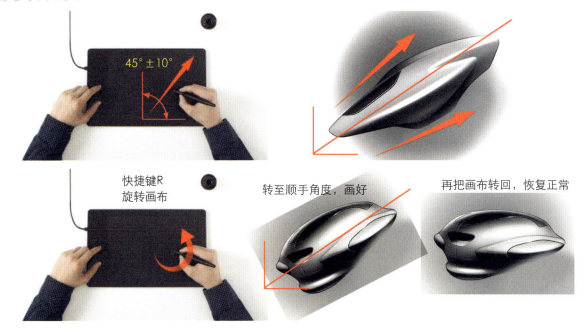

转至数字手绘顺手角度,绘制起来更加快捷、准确。

第 2 章 汽车数字手绘的塑造

2.1 汽车数字手绘的线稿

2.1.1 线条

（1）数字手绘怎样画好线

我们倒推一下一个数字效果图的构成，润色—线稿—比例—透视—线条组合—单纯的线—圆—椭圆—弧线—直线，一个完整的数字效果图还得从一根小小的线条开始，画完一根线和画好一根线是有本质的区别，画完一根线可以看成从A点到B点跌跌撞撞地到达，画好一根线可以看成你完全驾驭线条并且稳稳当当地从A点到B点。什么是驾驭线条？就是自己能够完全控制好线条的方向、长短、间隔、轻重，这些元素达标了，下一步才是考虑线和线的组合，才会有透视和比例关系等。

数字手绘的时候，手握触控笔的姿势要领都非常重要，触控笔在纸面上滑动的姿势也很重要，这些常常容易被忽略的东西，却会影响到你画出的线条效果。

线条是构建一个产品的最基本元素，就像一座房子里面的砖块一样，每根线都有它的作用，我们要让房子坚固，如果砖块本身有质量问题，房子自然不能坚固。数字手绘的时候，触控笔就相当于彩铅，板子（数位板）就相当于纸张，与传统手绘最大的不同点不是样子长的不一样，也不是长宽比例发生了变化，而是材质的不一样，这就使得你在手绘的时候一笔画下去的感受变得不一样，你会感觉更滑了，"抓地力"更小了，直接影响就是画线的时候快了就出绘图框，慢了哆哆嗦嗦。有一个办法可以解决这个问题，就是看准方向和角度快速移动，这种方法一定是要有大量的手部重复运动训练做基础，比如我们经常讲的直线、弧线的练习，其实练的不只是线，还有手。

汽车数字手绘表现技法

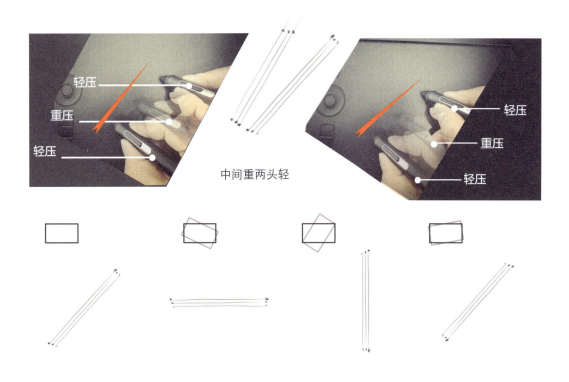

中间重两头轻

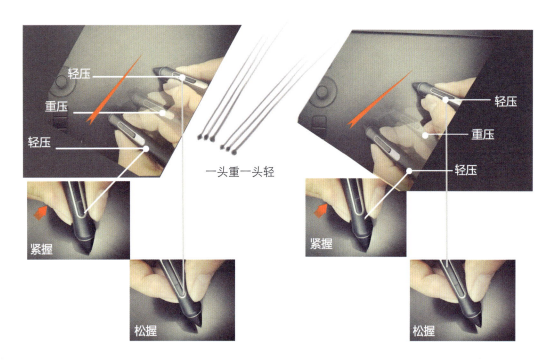

一头重一头轻

练习范本

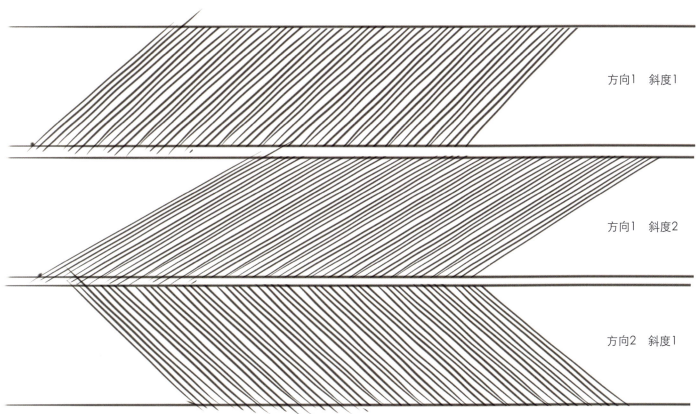

要求：每一笔允许撤消（ctrl+z）不超过3次，线条细直密集，徒手绘制不允许使用其他辅助软件工具。

单根的直线练习到差不多以后（基本可以驾驭直线的粗细、长短、间距、方向、位置等要素），可以尝试进行直线构架形体训练，画直线的方式可以是徒手也可以是按住Shift键来进行。

汽车数字手绘表现技法

练习范本

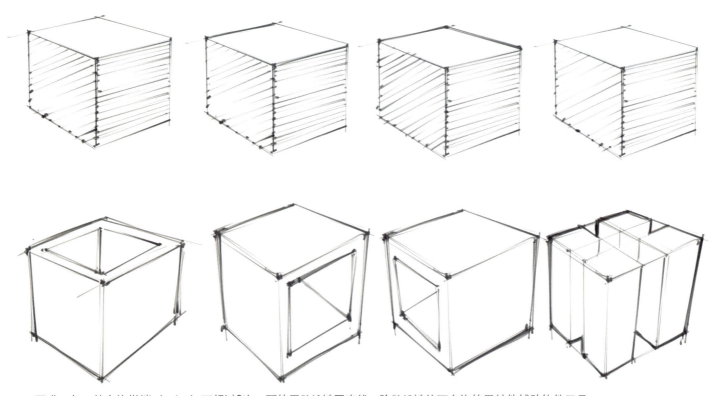

要求：每一笔允许撤消（ctrl+z）不超过3次，可使用Shift键画直线，除Shift键外不允许使用其他辅助软件工具。
作用：训练手感以及手部和压感的配合度。

　　前面讲到线的关键词有方向、长短、间隔、轻重。由于数字手绘变换笔的类型不是更换那支笔本身，而是同一支触控笔来更换软件里面的笔头命令，所以线条与手感的关系更直接。

① 线条的方向与手部摆动的方向有关。
② 线条的长短与手部滑动行程和停止的位置有关。
③ 线条的间隔与手部握住触控笔下笔的位置有关。
④ 线条的轻重与手部按压数位板还有笔头停留时间有关。

　　弧线比起直线更加难掌握，手握触控笔绘制弧线的难度也就更大，因为涉及手腕的摆动，而绘制出的弧线还要均匀纤细，这是满足扎实而又炫酷的效果图的基本要素，单个的弧线练好以后可以开始进行弧线构架造型的训练。

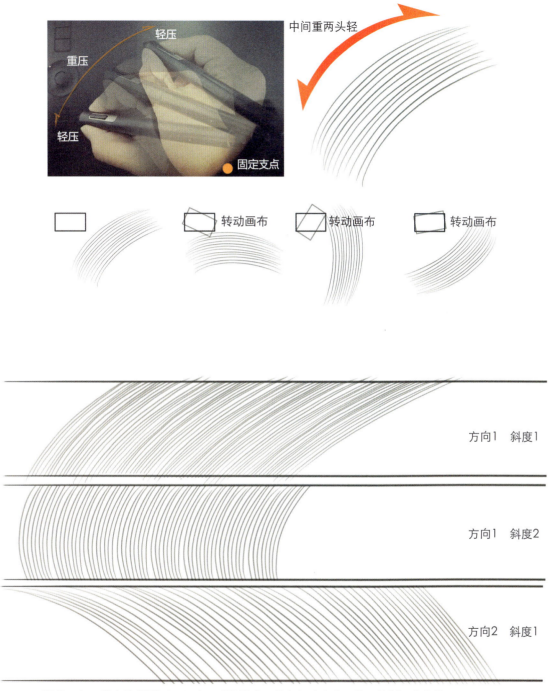

要求：每一笔允许撤消（ctrl+z）不超过3次，线条细直密集，徒手绘制不允许使用其他辅助软件工具。

练习范本

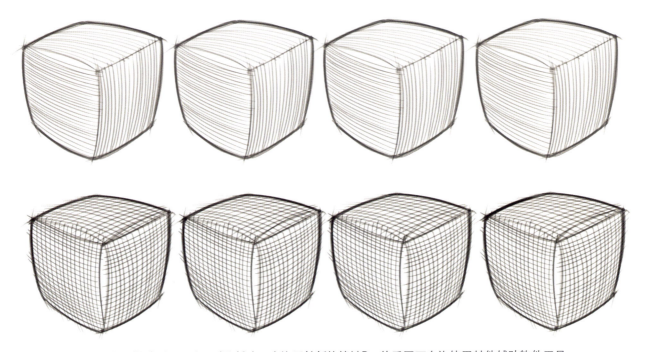

要求：每一笔允许撤消（ctrl+z）不超过3次，允许用转纸快捷键R，徒手画不允许使用其他辅助软件工具。
作用：训练手感以及手部和压感的配合度，手腕运动和手指的配合度。

（2）数字手绘怎样画好圆

彩铅徒手画圆有正确的方法，数字手绘画圆也有一套正确的方法，而且更加容易实现，为什么这么说？看步骤分析就清楚了。

第一步　圆形选区。　　第二步　描边。　　　　　　　　　　　　　　第三步　取消选区。

第一步　徒手画圆。　第二步　复制以后自由变换。　第三步　自由变换，复制叠加2～3个。　第四步　加少许装饰细节，装饰物通常在线开叉局部。

圆画好了可以用在哪些地方呢？举例如下。

2.1.2 线稿比例

(1) SUV越野车

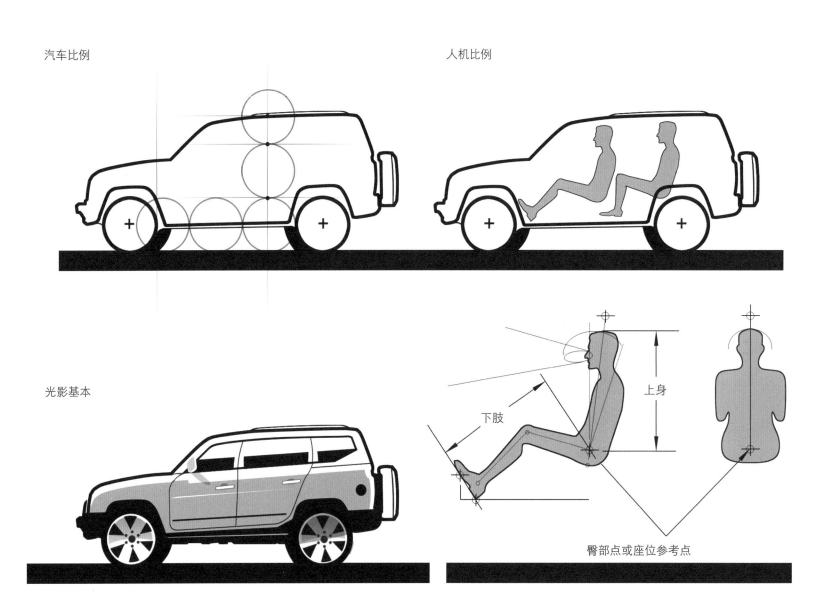

（2）两厢小轿车

汽车比例

人机比例

光影基本

臀部点或座位参考点

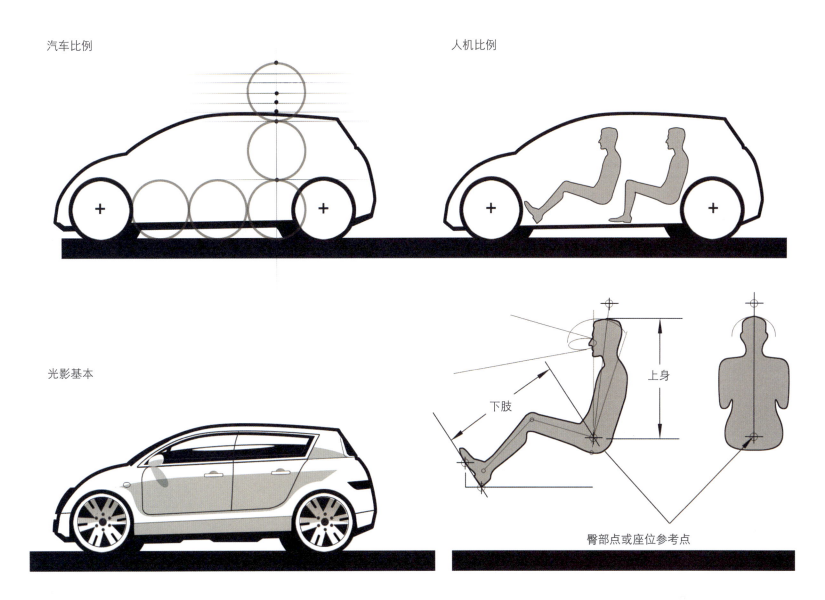

（3）紧凑微型车

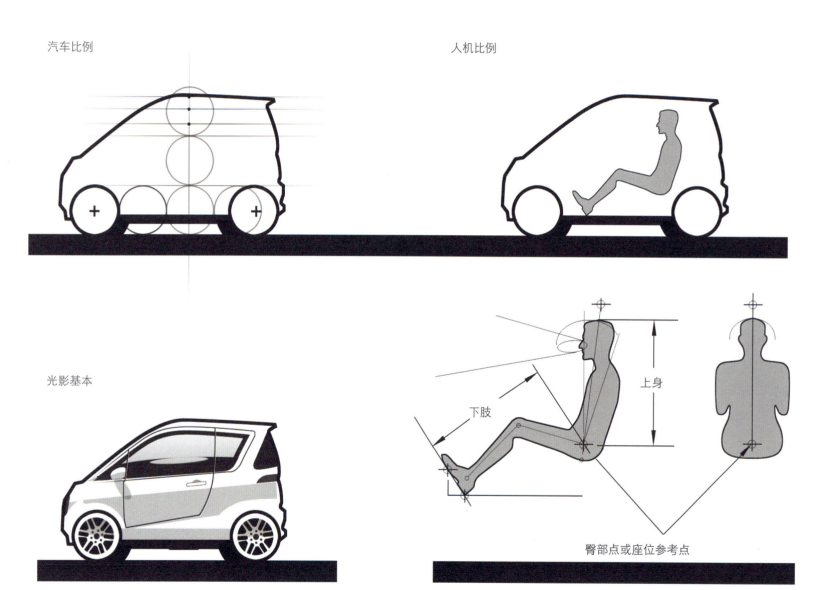

（4）两座跑车

汽车比例

人机比例

光影基本

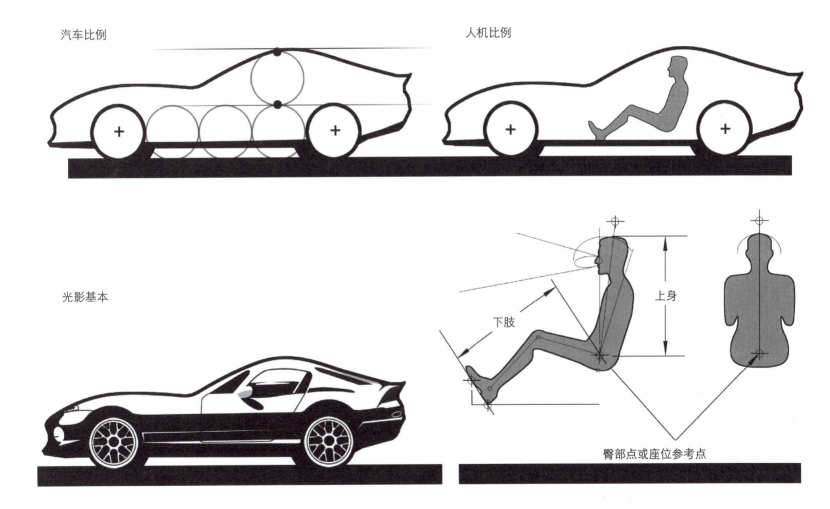

臀部点或座位参考点

（5）三厢小轿车

汽车比例　　　　　　　　　　　　人机比例

光影基本

臀部点或座位参考点

上身　下肢

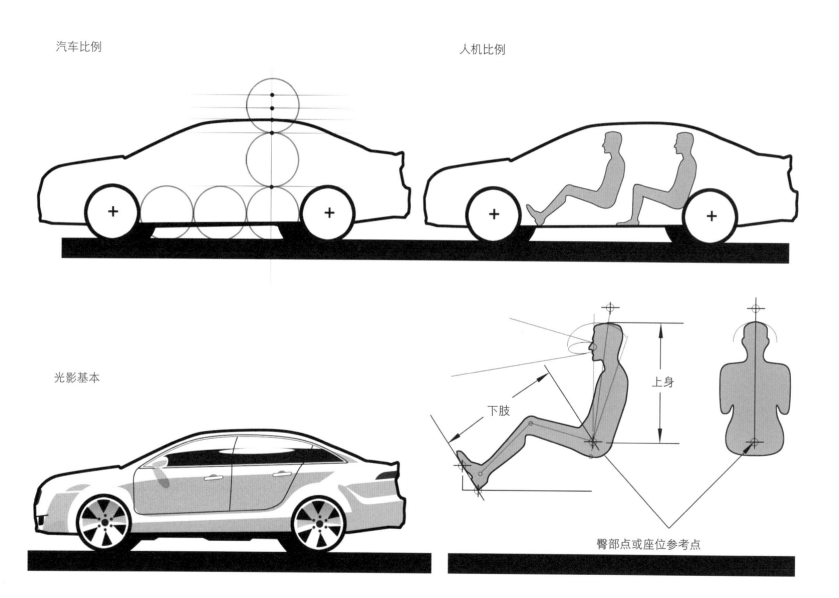

2.1.3 数字手绘中线的应用

（1）城市轿跑

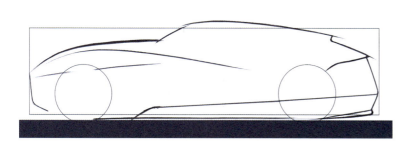
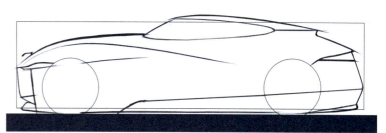
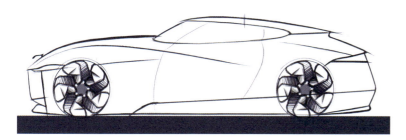

（2）轿车

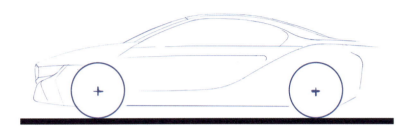
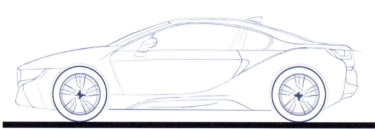
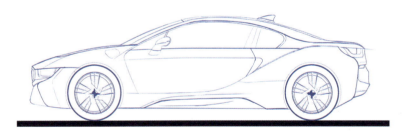
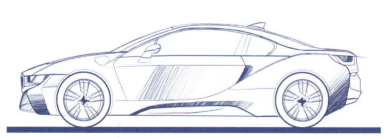

（3）紧凑型汽车

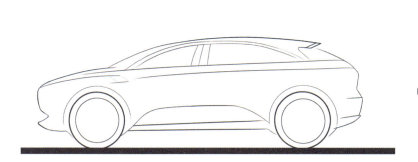

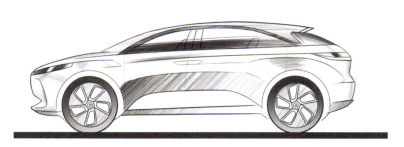
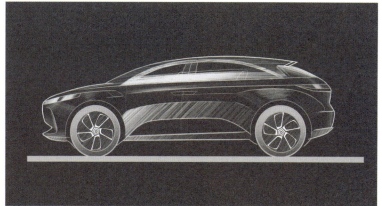

（4）跑车

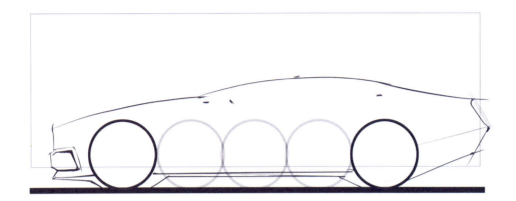

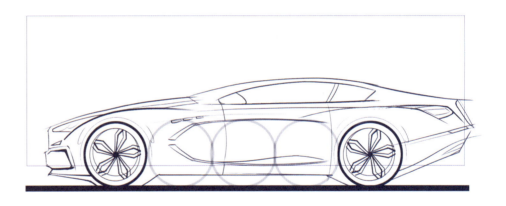

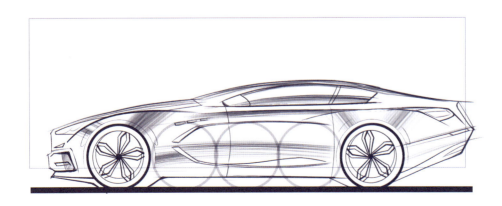

2.2　汽车数字手绘的笔触

　　数字手绘中使用频率最高的软件是Photoshop（简称PS），Photoshop里面笔触类型有很多，有各种各样形状和不同特效的笔触。我们反过来想想，这些笔触在数字手绘领域到底可以用在哪些方面？说到笔触，先从数字手绘汽车效果图分类开始讲起。

　　数字手绘汽车效果图目前大致可以分成三大类，或者可以称作三个挡。

　　第一类：汽车数字手绘粗略表现。

　　第二类：汽车数字手绘快速表现。

　　第三类：汽车数字手绘精细表现。

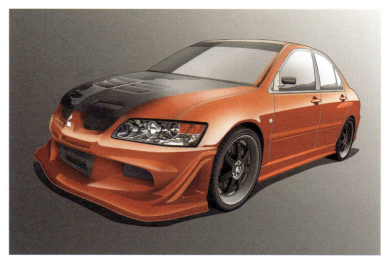

　　这三个类别中，汽车数字手绘粗略表现和汽车数字手绘快速表现对笔触的依赖是非常大的，也就是说笔触起着决定作用，第三类汽车数字手绘精细表现对于Photoshop中钢笔工具的依赖比较多，笔触也有用到，由此可见数字手绘中笔触的重要性。

2.2.1 数字手绘笔触和软件的关系

数字手绘笔触属性里笔触类型有很多，其中硬边圆和柔边圆的笔触使用频率较多，当然其他类型的笔触也要用到。

柔边圆笔触和硬边圆笔触呈现的效果不同，那么什么时候该用什么类型的笔触呢？

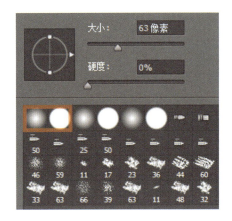

数字手绘中如果一直使用的是柔边圆笔触，绘制出来的形体是比较柔和的，换句话说是比较软的。

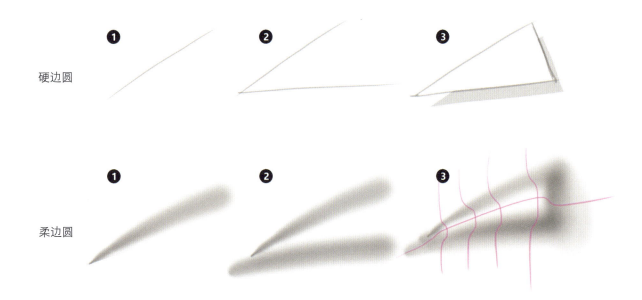

数字手绘效果图要看产品设计本身的质感、颜色来决定用什么类型的笔触来塑造，建议数字手绘效果图表达可以柔边圆笔触和硬边圆笔触结合使用。

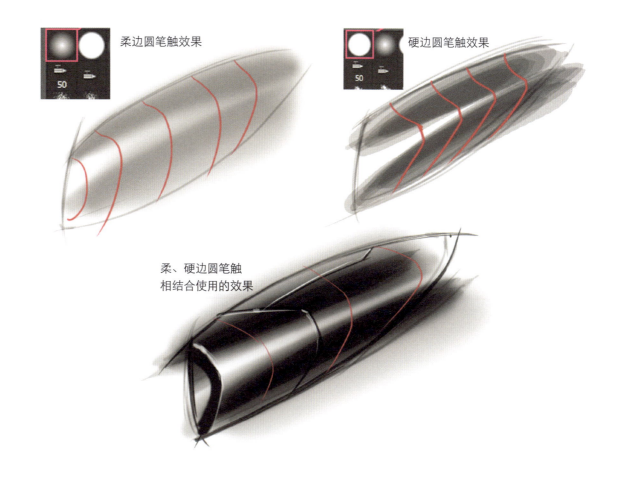

2.2.2 数字手绘笔触和硬件笔的关系

数字手绘笔触和触控笔硬件也有密不可分的关系，马克笔的笔触是由马克笔笔头和纸面相互摩擦生成笔触，而数字手绘的笔触是由触控笔喷涂生成的，一个是擦，一个是喷，使用的技巧和规律自然就不一样，当然人手的感知也不一样。

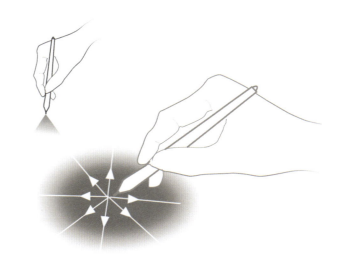

前粗后细

前细后粗

均匀细

均匀粗

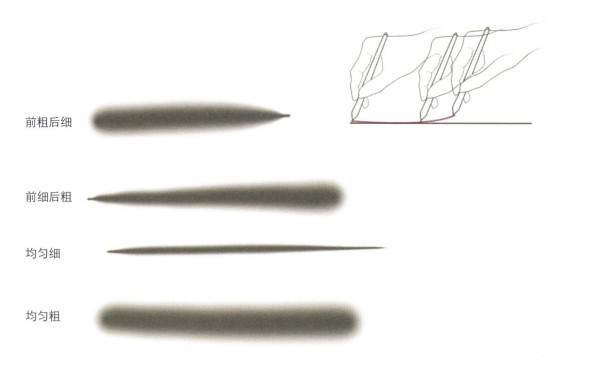

数字手绘笔触的轻重缓急是根据手部按压数位板/数位屏表面的力量和时间而决定的。根据按压笔的力度和提笔的时间不同,一笔绘制出来的效果可以是前粗后细、前细后粗、均匀细、均匀粗等几种效果。

2.2.3　笔触在汽车数字手绘效果图中的应用

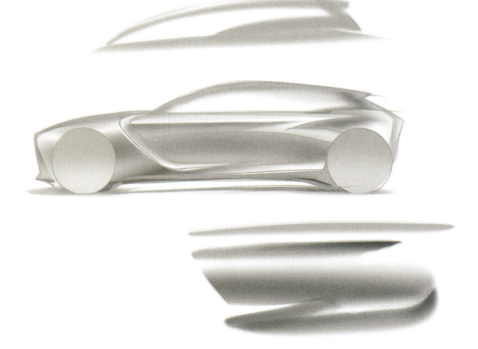

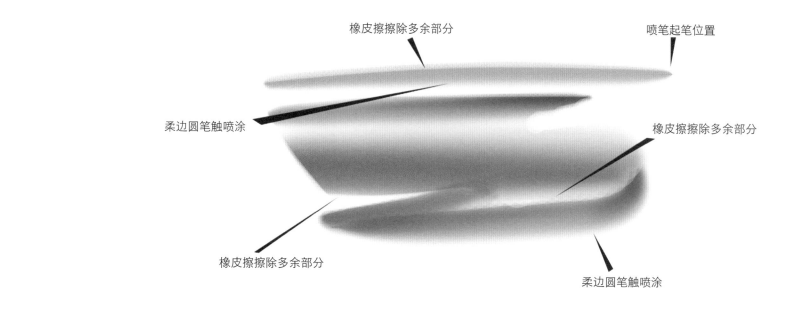

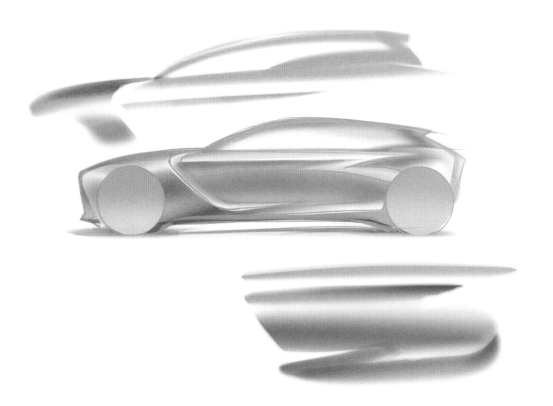

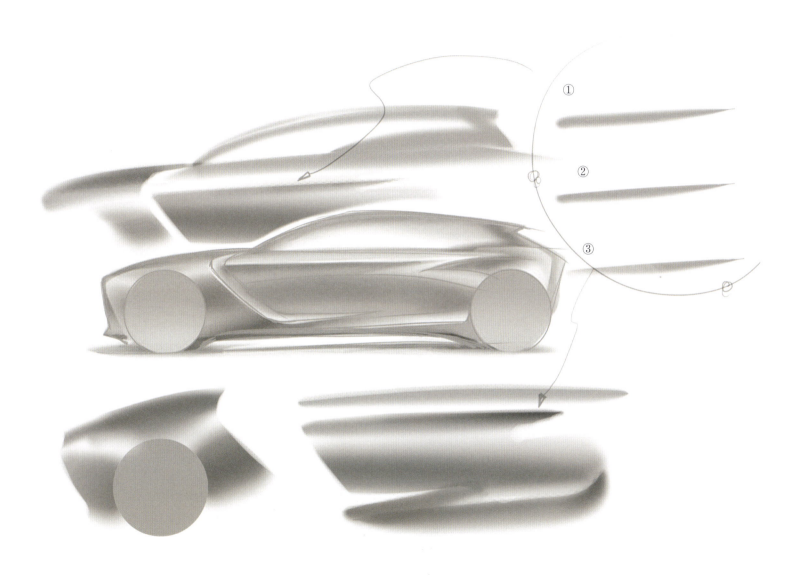

2.3 汽车数字手绘的面体

2.3.1 如何塑造基本面体造型

目前工业设计手绘（无论是马克笔传统手绘还是触控笔数字手绘）从宏观上来讲大致可以分成线稿、润色两大部分。

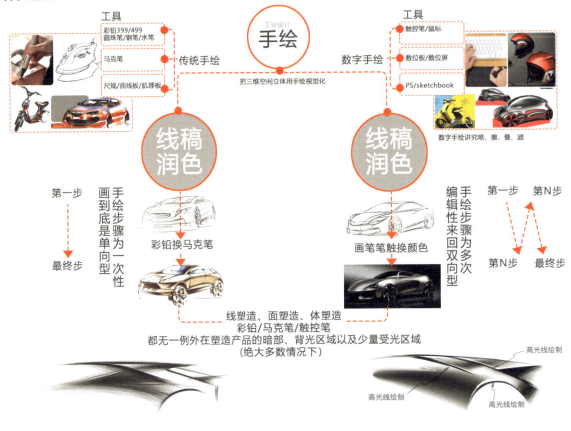

每一张手绘效果图都是由线塑造、面塑造、体塑造逐步塑造完成。这有点像竹篮的编制过程，线可以构成面，面最后构成体（各种造型）。

首先用线开始塑造，不同角度和方向的线构成一个完整的线稿，线稿又分为外轮廓线、结构线、分件线、剖面线，其中剖面线对面塑造影响最大，可以说剖面线是一种表达清楚面造型的线条，我们可以看一看数字手绘效果图和建模效果图的对比就一目了然。建模的模型可以说是根据数字手绘图得来的，也就需要前期必须把数字手绘面造型剖面线绘制清楚，而且不是清楚一点，是很清楚、清晰才可以。

数字手绘表现

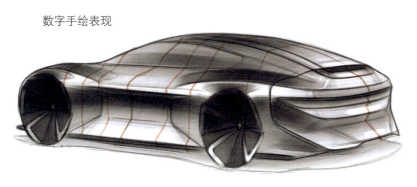

数字手绘状态下的面造型
剖面线怎样延伸直接决定面造型长什么样

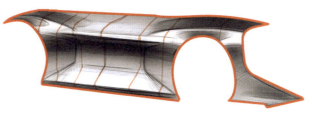

建模三维模型

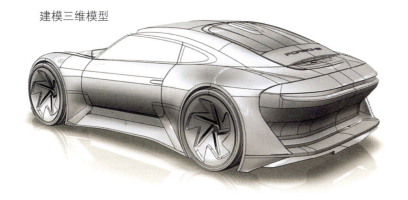

建模模型状态下的面造型

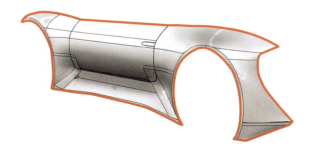

（1）面塑造一

一个面的造型必须满足两个要素：线，而且是包含有剖面线的线条；光源，明确的主光源。

① 明确线稿，尤其是剖面线，可以用比较醒目的颜色标注出来。

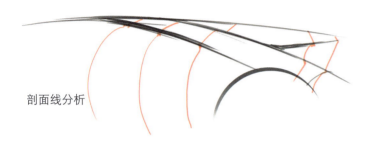

剖面线分析

② 大笔触笔刷喷涂出颜色，中间明暗交界处可以反复喷涂2～3遍，受光处和反光处1遍即可。

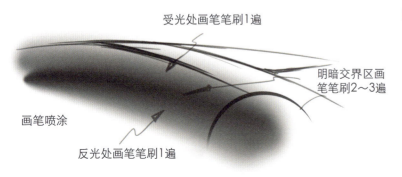

③ 开始动用橡皮擦工具擦掉多余部分。

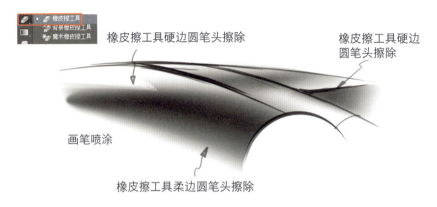

④ 可以对比一下彩铅（黑白）塑造出来的面造型和数字手绘塑造出来的面造型有哪些不同。

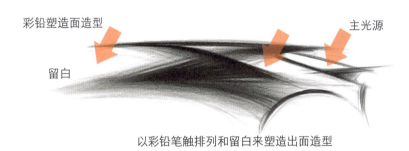

以彩铅笔触排列和留白来塑造出面造型

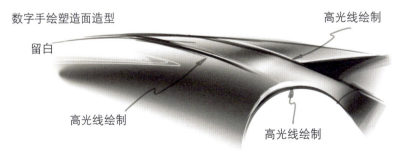

以喷涂颜色后用橡皮擦除多余部分来塑造出面造型

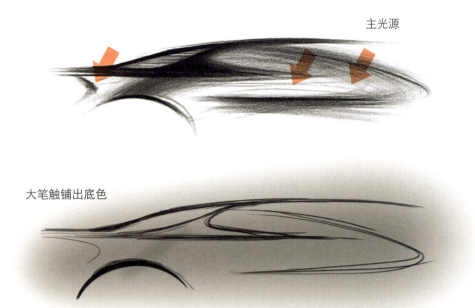

（2）面塑造二

① 这个面体运用的是底色高光法来表达，先有底色再塑造受光和背光区域。

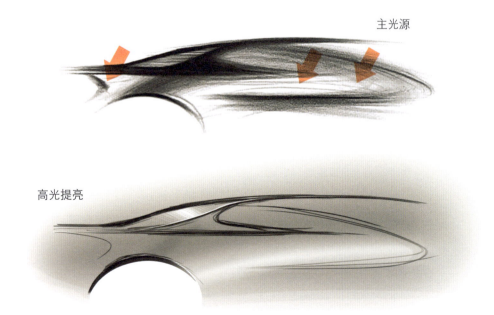

② 橡皮擦拭出受光区域。

③ 绘制出背光区域。

④ 点出高光点。

（3）面塑造三

① 明确线稿。

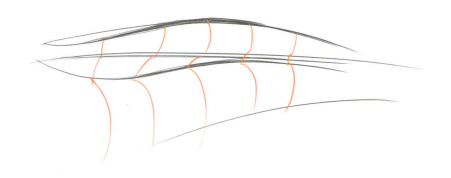

② 绘制出背光区域。

绘制暗部区域

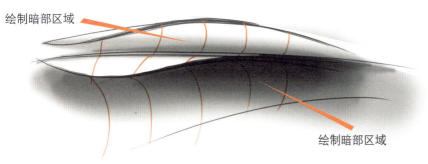

绘制暗部区域

③ 绘制高光线。

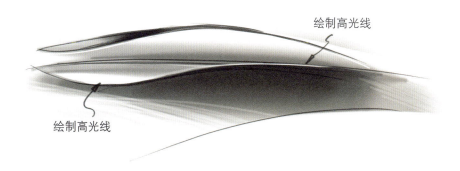

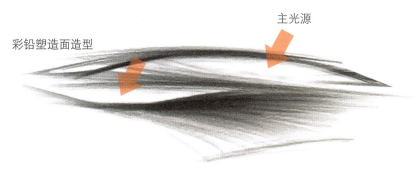

④ 点出高光点。

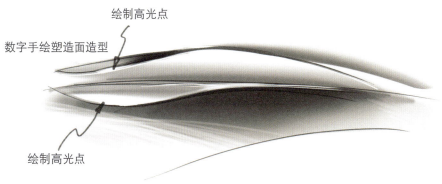

主光源

(4) 面塑造四

①

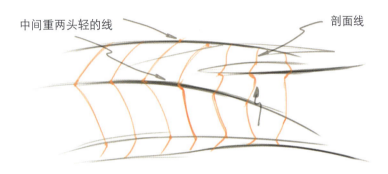
中间重两头轻的线　　剖面线

②

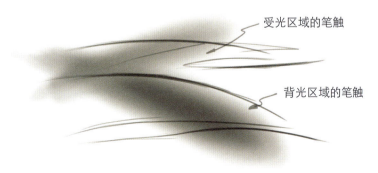
受光区域的笔触

背光区域的笔触

③

彩铅塑造面造型

④

数字手绘塑造面造型　　留白

留白

留白　　高光线绘制

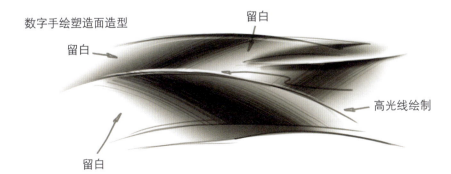

2.3.2 复杂面体的塑造

案例一

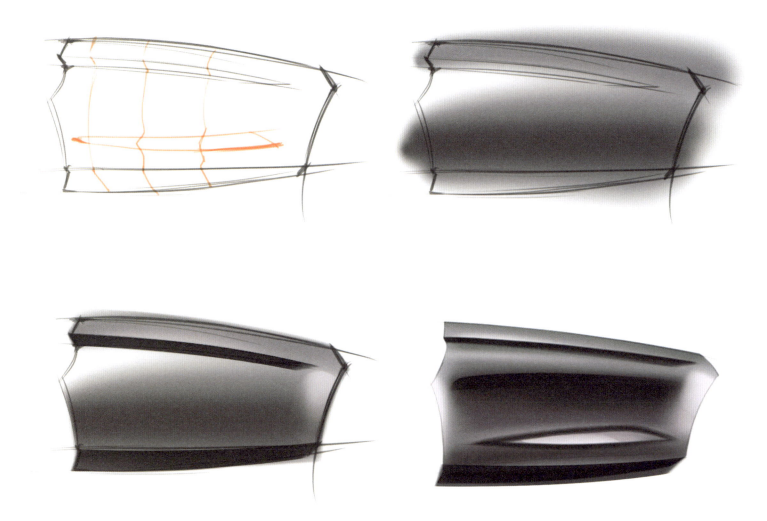

案例二

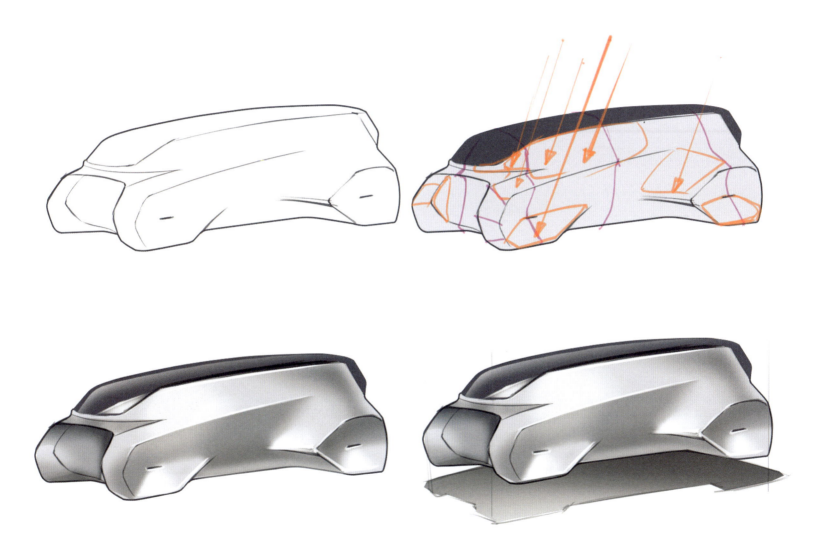

案例三

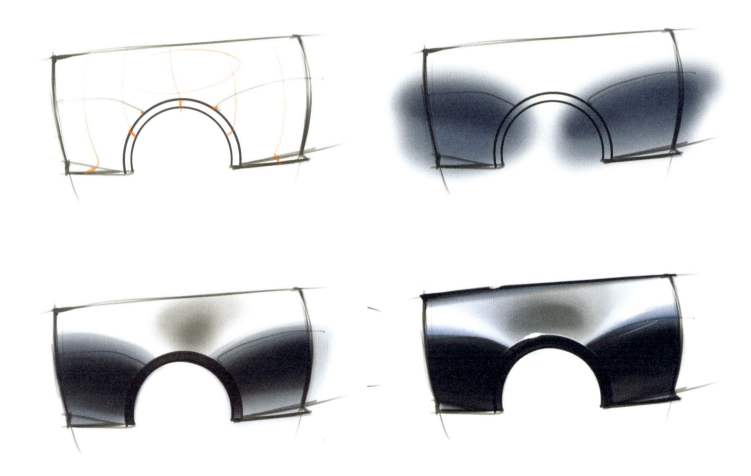

案例四

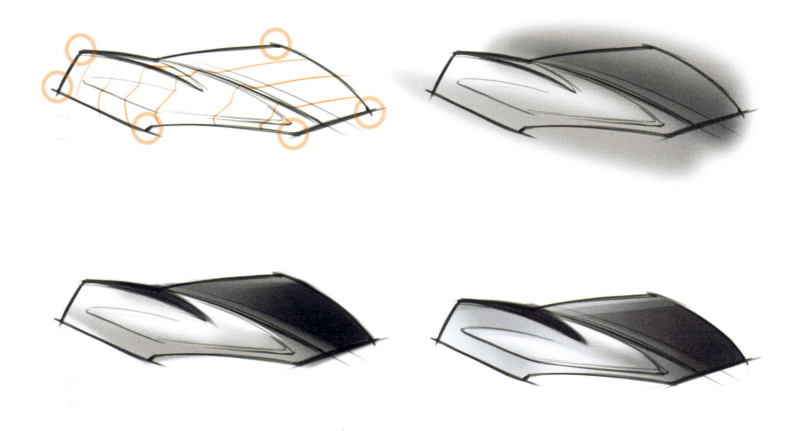

案例五

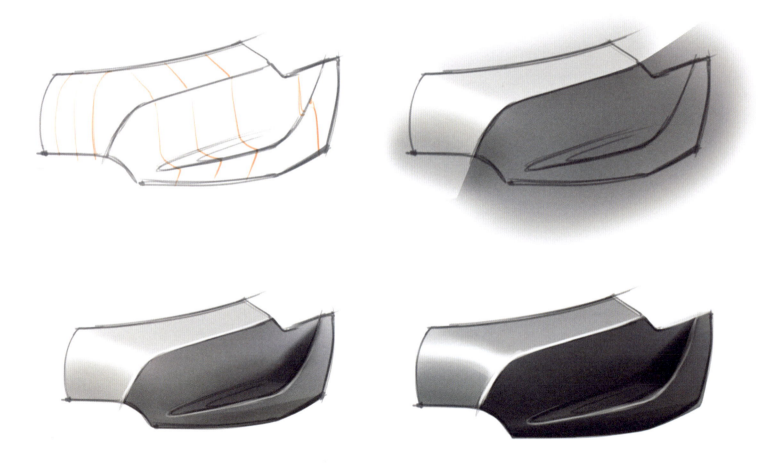

案例六

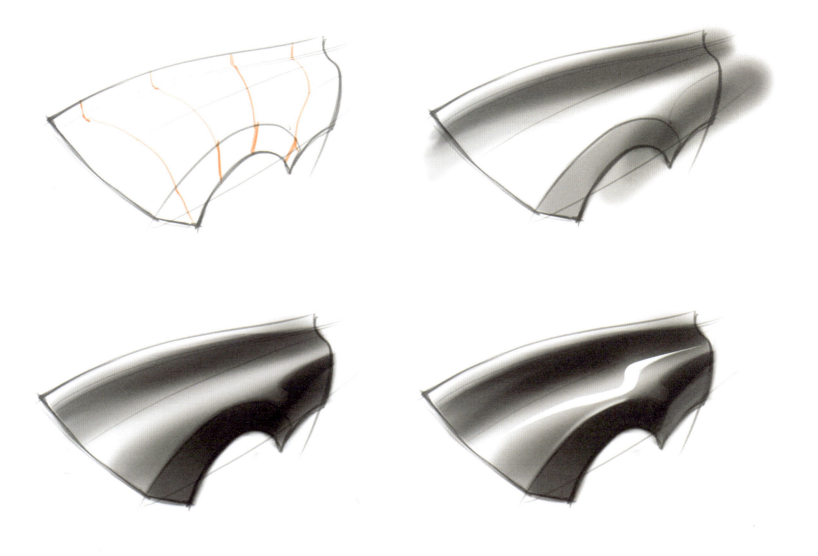

案例七

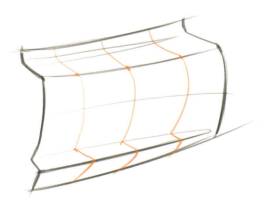
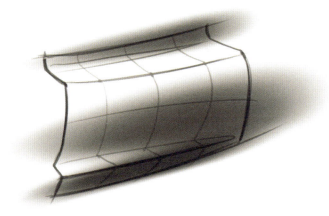

案例八

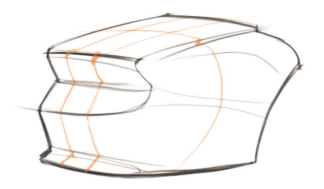

案例九

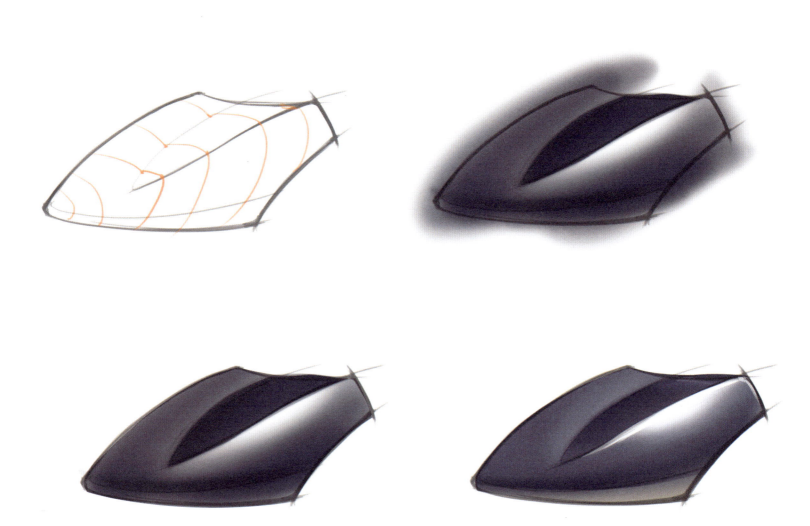

案例十

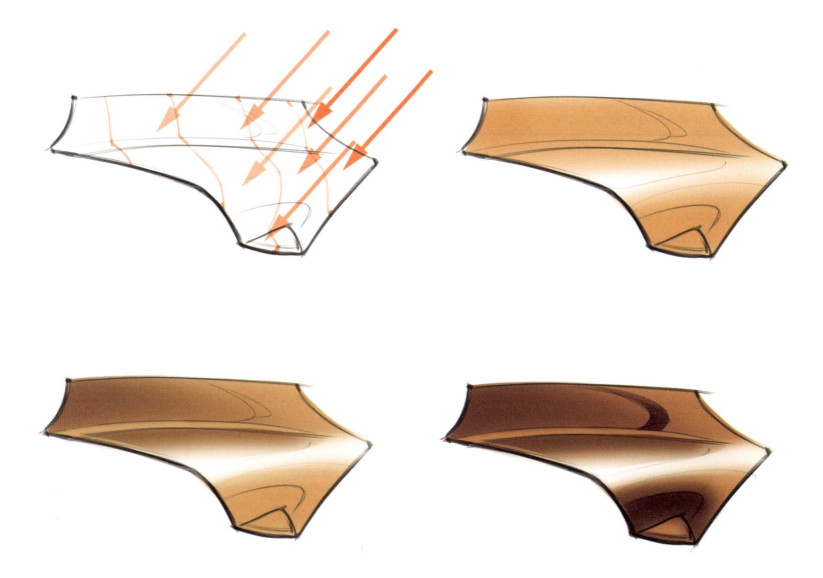

案例十一

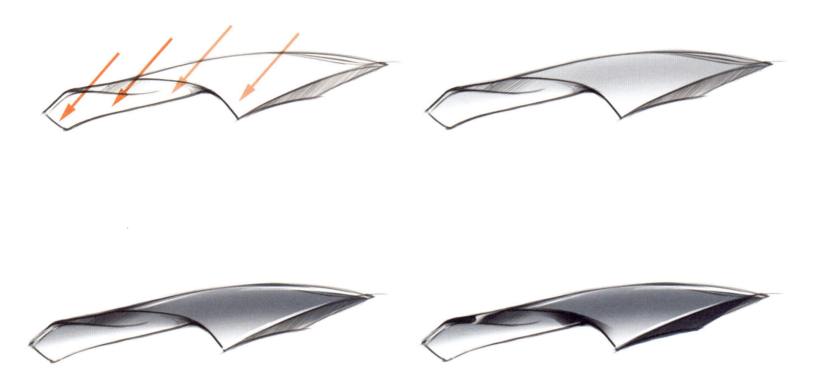

2.3.3 整车面体塑造

汽车车身的面体相对其他产品更加复杂，通常会有折面、渐消面等，在三维建模效果图里特意把整车中的侧面留出来，其余部分颜色加深，这可以更加明显地看出三维模型的侧面透视角度和全侧视角度的对比关系，由于受到天空颜色的影响，受光区域泛蓝色，三维建模效果和数字手绘效果是对应的。

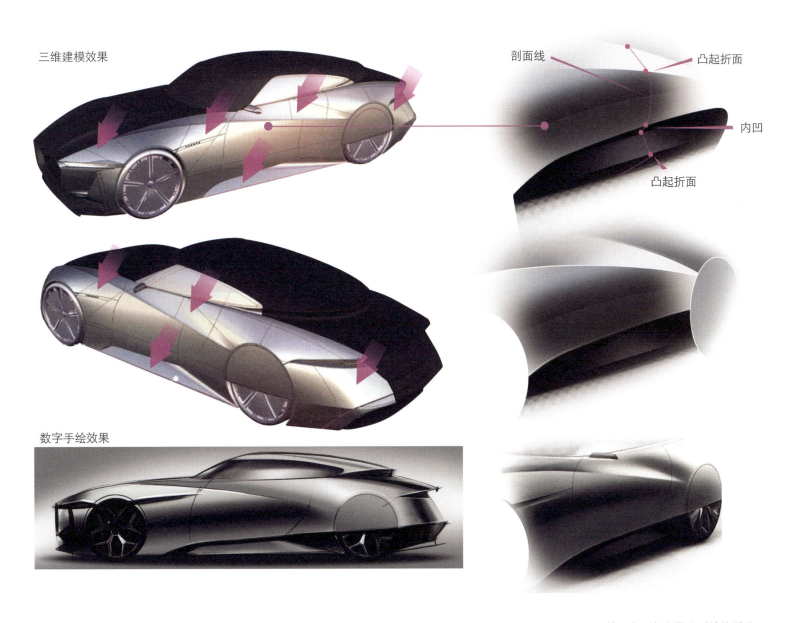

汽车数字手绘表现技法

数字手绘汽车全侧面详细步骤如下。

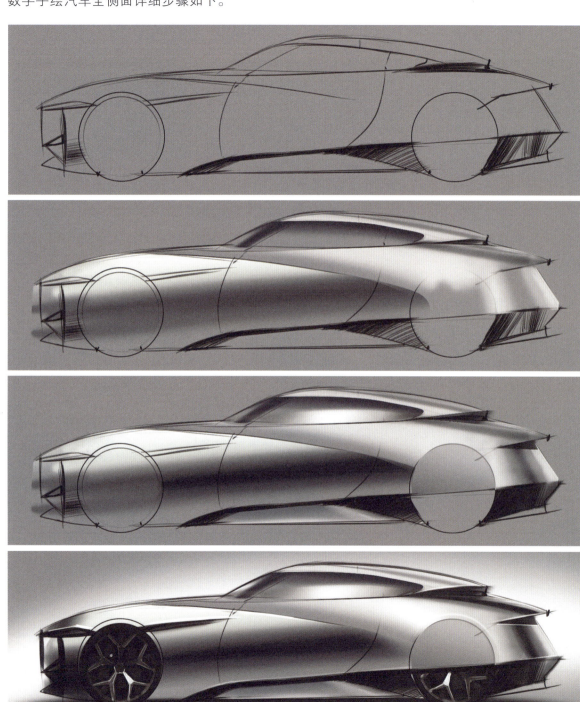

一直在讲授面造型，说得通俗一点就是让面有各种凹凸有致的造型感，是炫酷还是刚劲有力，或者是柔美和谐，都包含在面的造型里面，那么成为一个有造型的面需要哪几个基本要素呢？

面造型基本要素一：光源。

面造型基本要素二：基本固有色。

面造型基本要素三：受光、背光、高光、反光。

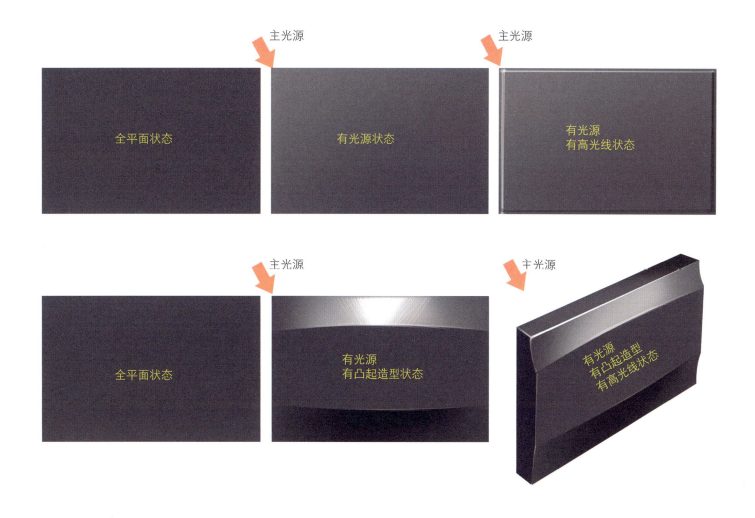

除了基本要素之外，面造型还需要一些隐藏在细节里的元素，可以这么说，前面的基本要素是把造型搭建起来，后面的细节元素是让这个造型更加美观。

细节元素一

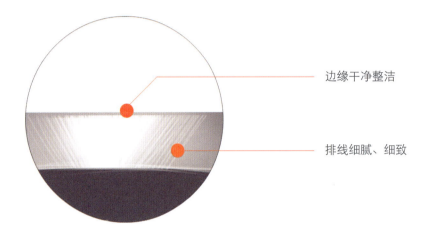

边缘干净整洁

排线细腻、细致

细节元素二

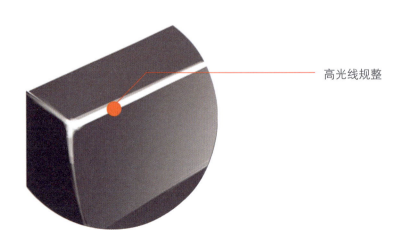

高光线规整

我们现在来看一看整车外观的面造型分析及绘制步骤。

（1）灰底受光面、反光提亮法

① 首先必须具备两个元素，一个是背景（以单色背景为主），另一个是线稿（纯线条，没有任何的明暗调子），这是数字手绘常用的面塑造方法，快速而且高效。

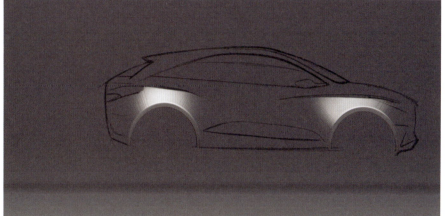

② 从轮包开始提亮，从中间往两边过渡，光亮部分越往两边越减淡。

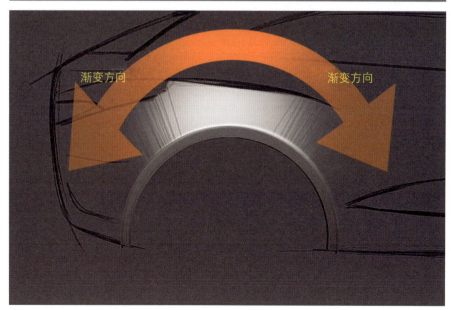

③ 从轮包拓展至车体侧面。

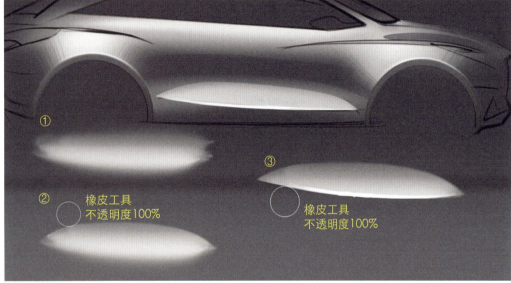

①
② 橡皮工具 不透明度100%
③ 橡皮工具 不透明度100%

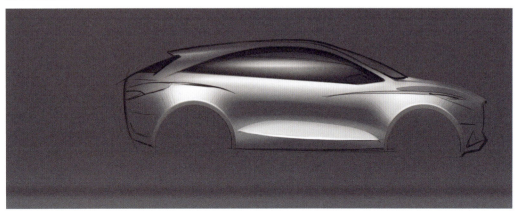

④ 绘制车窗区域，车窗内边缘为黑色。

⑤ 绘制后视镜的受光区域。

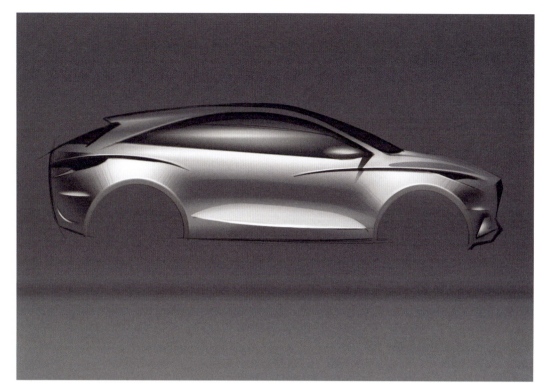

⑥ 整车车体面塑造,最终数字手绘效果呈现。

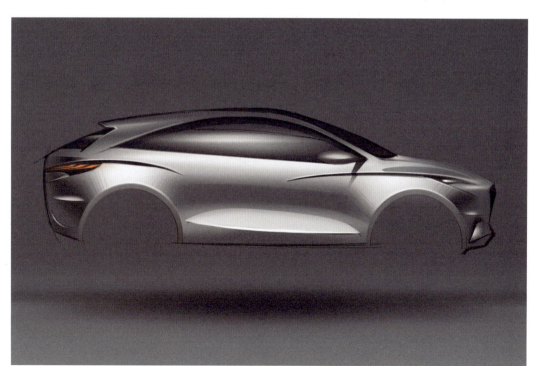

（2）黑底受光面、反光提亮法

这也是数字手绘表达的一种常用方法，比较容易出效果，基本绘图操作方式也比较精简。先填充一个黑色背景，把画笔颜色设置成白色，白色画笔喷涂车体侧面的受光和反光区域，可以运用先喷涂后修剪的方式进行面体塑造。上半部的受光区域明显更亮，手握触控笔的按压力度也更大，下面反光区域相比较受光区域更弱，相应的手握触控笔的按压力度小一些，在受光区域最上方边缘用较小直径笔头以浅蓝色进行反光绘制，视觉上会显得更加立体。

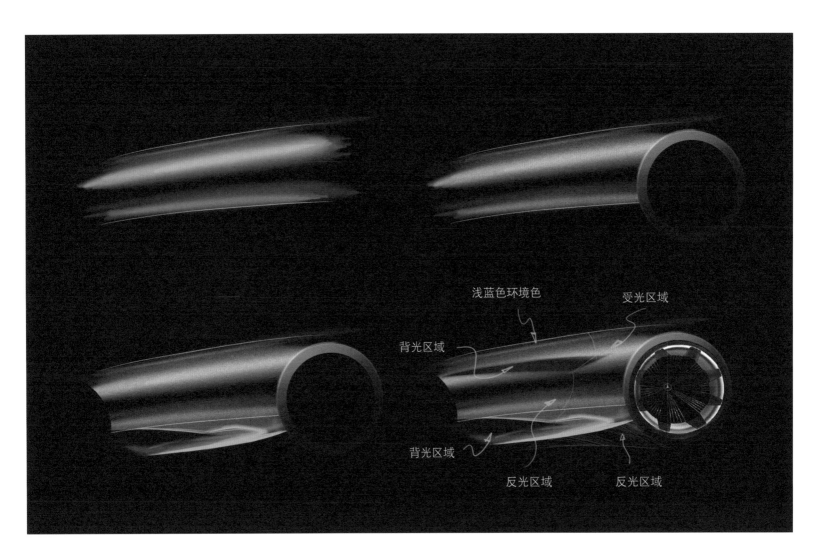

在进行受光和反光喷涂后,再在此基础上进行细致刻画,有多个地方都是渐消面,可以运用先画颜色后用选框裁切裁剪掉多余部分的方法得到渐消面。

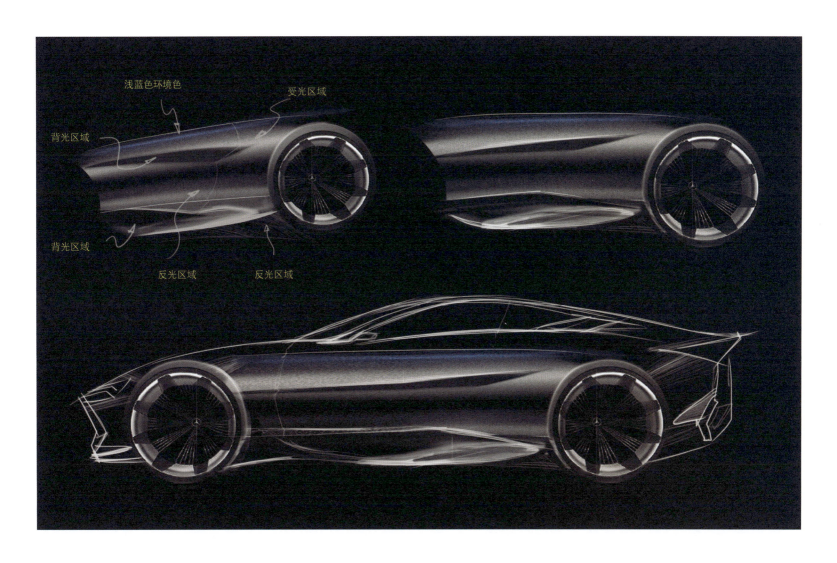

下图为汽车整体侧面塑造较完整的效果图,完全是按照黑色底色提亮受光和反光部分的流程进行塑造,包括一开始的汽车线稿也是以白色为主。

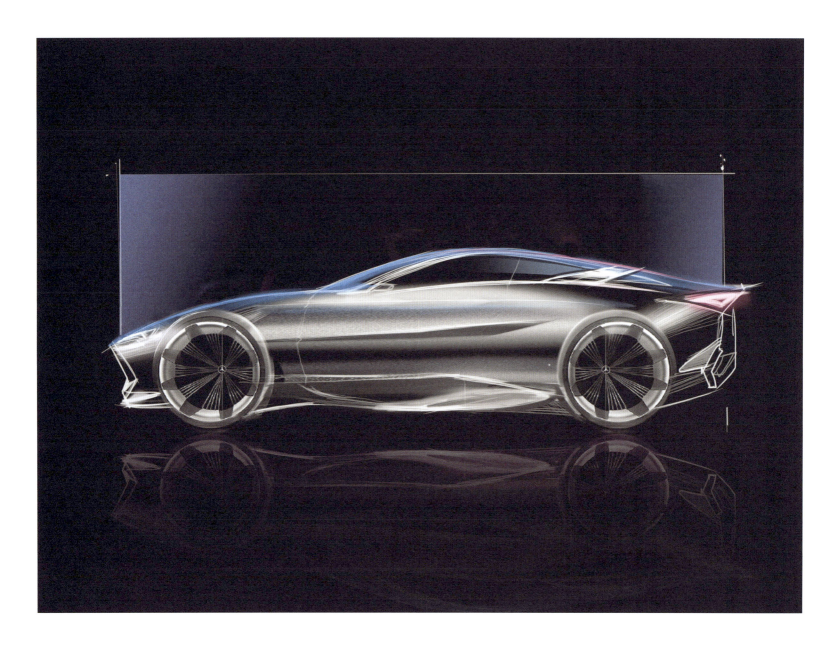

2.4 汽车数字手绘的光影

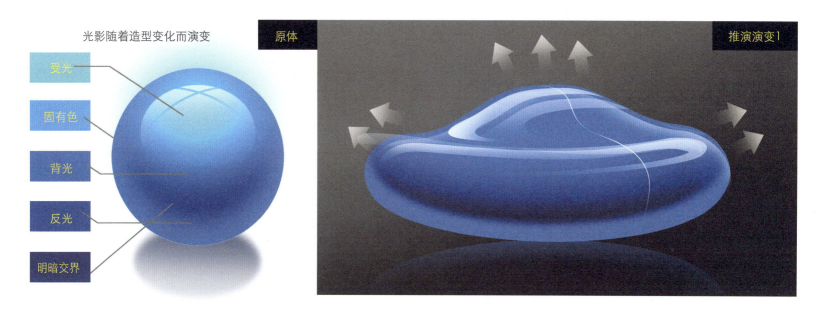

推演演变3

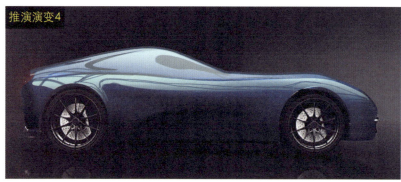
推演演变4

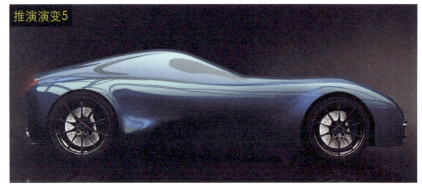
推演演变5

推演演变6

下面以一个实例对汽车手绘的光影进行分析。

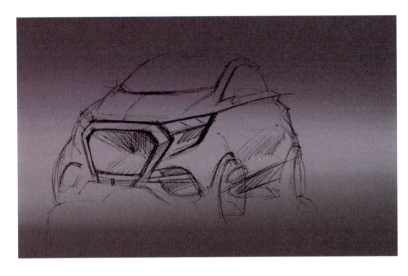

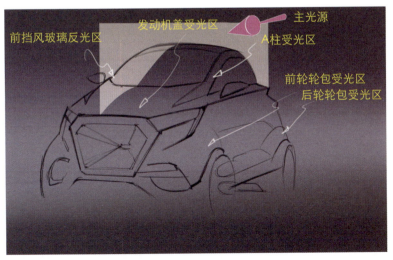

2.5 实例解析

案例一

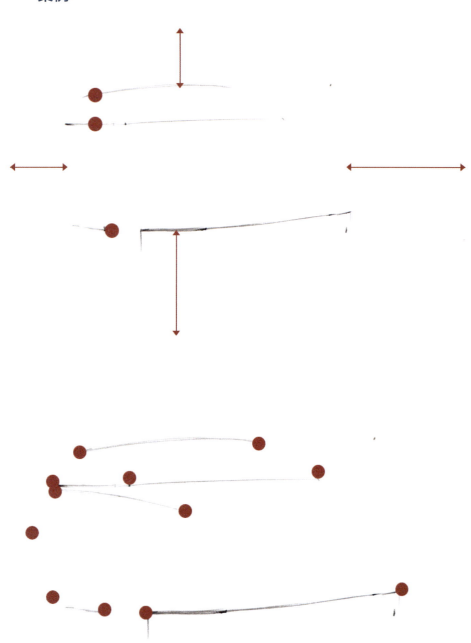

构图是在手绘之前必须考虑的，即产品在纸面上的位置关系。一般来说产品正面与产品底面距离纸面边缘略大一些，产品背面（后部）以及产品顶面距离纸面边缘略小一些。但是不排除其他形式的特殊排版方式。总之遵循画面平衡、和谐即可。

图中可注意到，先定点再画线，卡住关键点，再把线条画出，主线略重，辅线略轻，注意整体的关系。

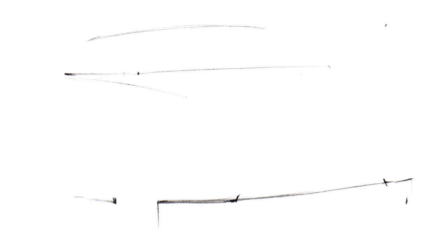

逐步细化，发动机盖等部件一一画出，不一定要非常清晰，带一两笔即可，关键是到位。先不要考虑线条的杂与不杂，先找准它们各自的位置。

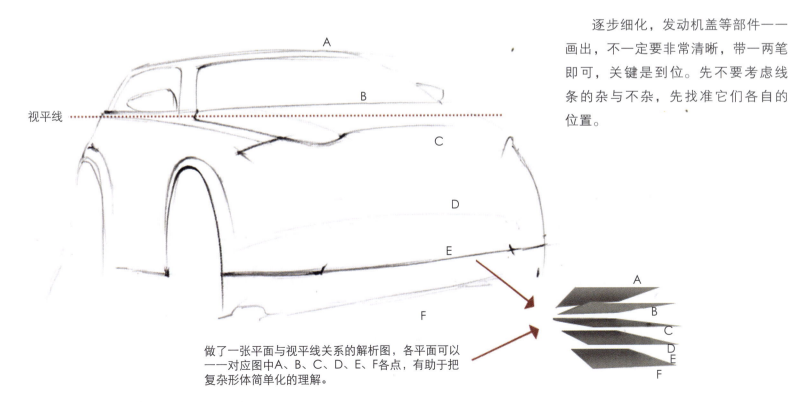

做了一张平面与视平线关系的解析图，各平面可以一一对应图中A、B、C、D、E、F各点，有助于把复杂形体简单化的理解。

线稿的深入程度没有特定的规定，按需要来定，前期的草稿可以画出主要部件即开始上色，但此时那些没有画出的部件必须心中有数，意在笔先。

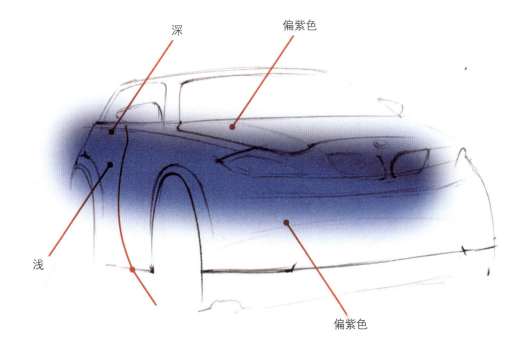

线稿还有一些细节没有完成，没关系，先试试喷笔，别看轻轻的一笔，掌握好力度很重要，略仔细点可以看到是两端稍微重一点，中间稍微轻一点，而且喷笔的两侧偏向紫颜色，随着车体的弧线，笔触也有深浅变化。喷笔笔触的深浅所体现出的曲面变化，如图所示。

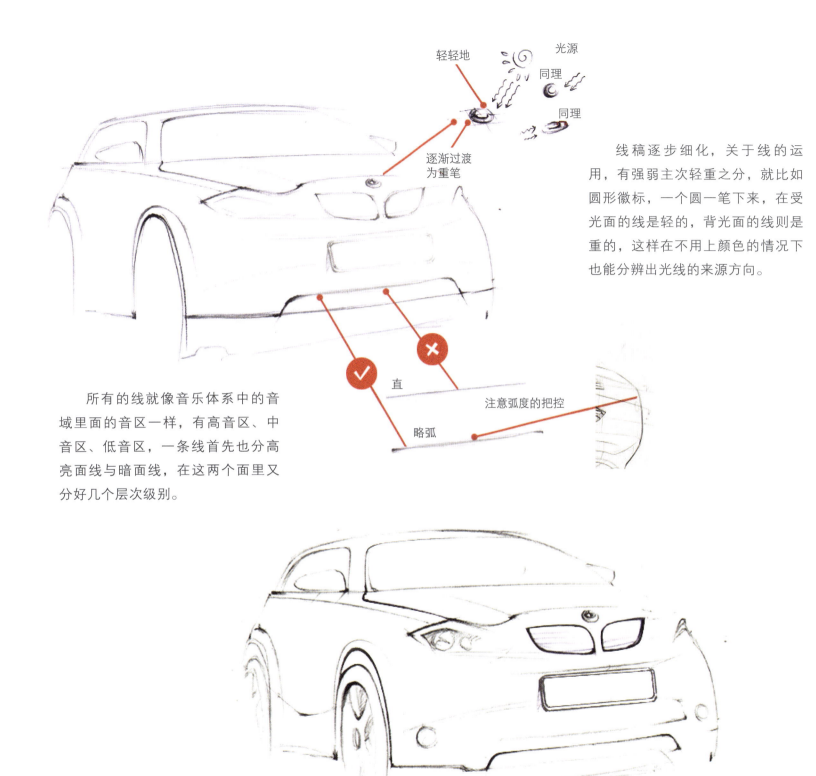

汽车数字手绘表现技法

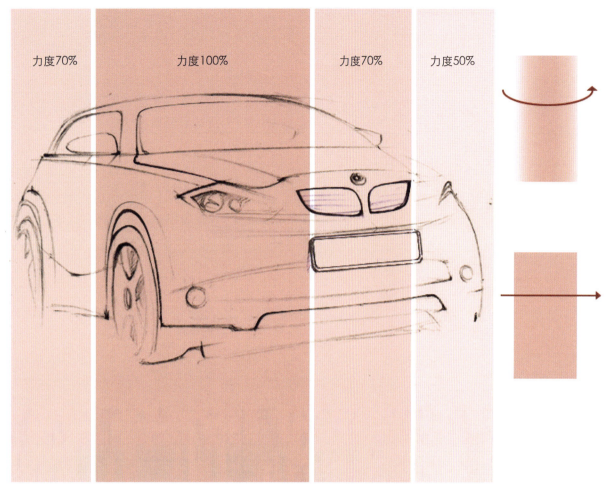

力度70%　　力度100%　　力度70%　　力度50%

图中红色色带代表线条轻重的力度，越往后面越轻，越接近于视点的地方就越重，这样整个汽车形体在不润颜色的情况下，只用线条就能够有一定的体量感。

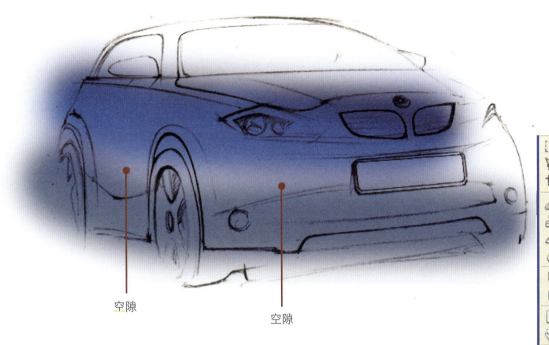

前面步骤里已经讲到第一笔上色的注意事项。这一步是第二笔上色，使用**喷笔工具**铺出的第二笔颜色要和第一笔之间留出一个空隙，这个空隙就是形体鼓起来那一部分的光影关系，这一笔要盖过整个侧面和正面，连贯起来。

空隙　　空隙

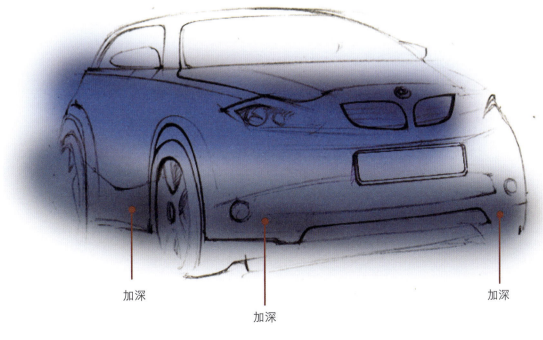

在画好的笔触上开始用加深工具进行刻画，主要就是明暗的体现，比如图中所示三个部分，都是用**加深工具**进行刻画。当然也有别的方法，比如喷笔覆盖也可以达到同一种效果。方法千变万化，因人使用习惯而异。

加深　　加深　　加深

用**钢笔工具**沿着轮毂勾选路径后，删除喷笔掩盖的轮胎部分，然后留住原来的钢笔路径，再上轮胎的颜色。切忌沿着轮毂边缘用喷笔喷出颜色。要掌握的力度是**从轮毂边缘往里扩散**。

给轮胎上色时的力度走向示意图

轮胎不同位置的颜色铺色时的握笔状态不同。也就是在同一个笔触里的握笔姿势都是不一样的，因为握笔姿势直接影响到下笔力度，从而导致画面效果的不同。

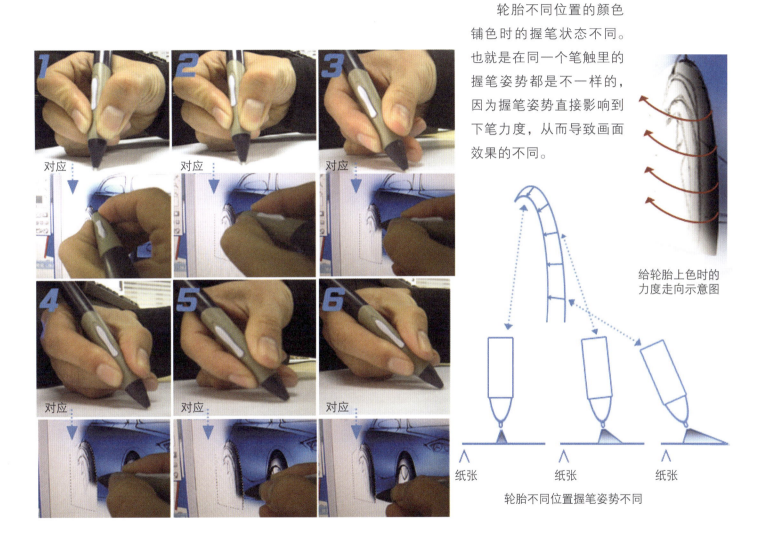

案例二

① 用彩铅画出汽车的底盘线、肩线等主要线条。

② 绘制出汽车轮眉,定出轮胎的间距。

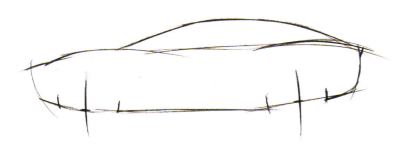

③ 逐步完善汽车局部的线稿,比如轮毂造型等。

④ 用彩铅工具绘制汽车线稿完成效果。

⑤ 开始润色,先用深灰色依照外轮廓填充。

⑥ 用浅灰色填充车体侧面以及车窗。

⑦ 绘制出车体底部的投影。

⑧ 开始塑造车体侧面的造型。

⑨ 把汽车轮包凸起的造型塑造出来。

⑩ 逐步细化汽车车体上面的渐消面。

⑪ 汽车上面的后视镜投影、轮胎等细节逐步绘制出来。

⑫ 继续刻画轮胎轮毂的细节。

⑬ 对轮毂的造型进行深入刻画。

⑭ 汽车尾灯造型塑造。

⑮ 把汽车效果图上面的毛边都修饰平整。

⑯ 数字手绘汽车最终效果的呈现。

案例三

① 汽车线稿先绘制出来，线条转折处要强调，另外表示地面的线条要画清楚。

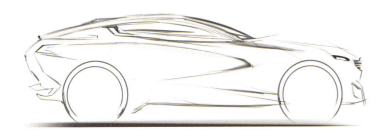

② 选用喷笔工具横向刷出笔触，手臂移动速度要快。

③ 区分出冷暖色调，靠近车体上方以冷色为主，靠近车体下方以暖色为主。

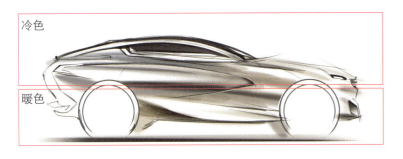

④ 加深暗部（背光区域），加强对比，让整体造型更加结实。

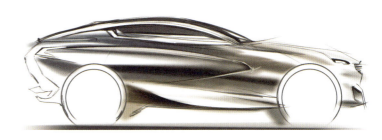

⑤ 继续深入绘制车体尾部部分。

⑥ 塑造车体侧面起伏，提出高光边。注意高光边不是一整条白色，要有虚实的变化，越靠近高光的地方越实。

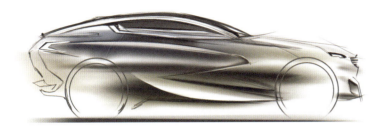 

⑦ 添加车轮，车轮可以做径向模糊处理，这样效果的动态感更强烈。

⑧ 绘制出背景，以清淡色调为主，因为车体本身配色比较重，色调深沉。

案例四

① 汽车的线稿首先绘制出来。注意线条的属性比如结构线、分型线、外轮廓线和剖面线的粗细区别要体现出来。

② 先润色整个画面面积最大的颜色，也就是整车的车身固有色。

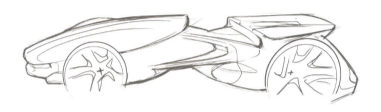

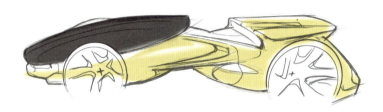

③ 增加整车效果图的重色，让整车更加有重量感，而不是飘浮的感觉。可选用深褐色润色，和米黄色固有色形成呼应。

④ 逐步完善细节，加强受光区域和背光区域的对比。

⑤ 汽车前后车轮的表现，可用喷笔喷绘出，切记车轮中间为深灰色、四周为浅灰色，这就要求手握触控笔时需从中间往周围扩散绘制，按压触控笔笔头时中间力度大一些，越往周边手力度略小一些。

⑥ 着重塑造车轮轮毂的造型（凹凸起伏感）以及车内部零部件的细节。

⑦ 在整车车体下方加上倒影，给人一种光滑地面的感觉。

⑧ 数字手绘表达汽车最终效果图的呈现。

案例五

① 很多人都认为数字手绘效果图表现可以让上色变得更加方便，不过可能会忽略掉数字手绘表达线稿的绝对优势。为什么这么说？光数字手绘里面的Ctrl+z命令就足以让彩铅、钢笔、水笔、勾线笔汗颜，因为Ctrl+z命令即为上一步，就是说可以完全不留痕迹地回到上一步，允许你画错，但是在纸上画错了橡皮擦了也有痕迹，要不留痕迹只能重新换一张纸。就拿下面的概念运输车为例，自己想象的造型可以随意地变化，不满意就返回上一步或者上几步。

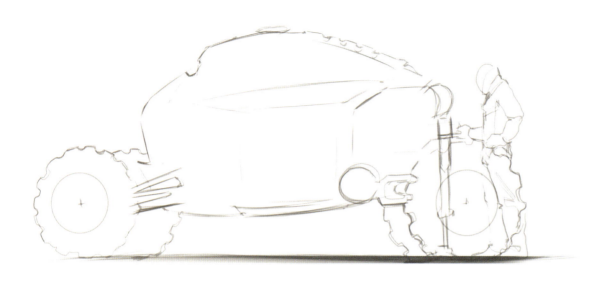

② 逐步增加局部细节，但是这种增加是有先后顺序的，一定是逐渐缩小范围，由大到小。

③ 笔触则是由轻到重，缓缓加深（数位板的压感可以完全做到这一点），强调车体的外轮廓线，人物的外轮廓线也需要强调起来。

④ 继续深入细节的刻画，各种零部件的细节逐渐塑造出来。数字手绘还有一个绝对优势，就是可以几乎无限放大你要画的图，让细节更精致到位。

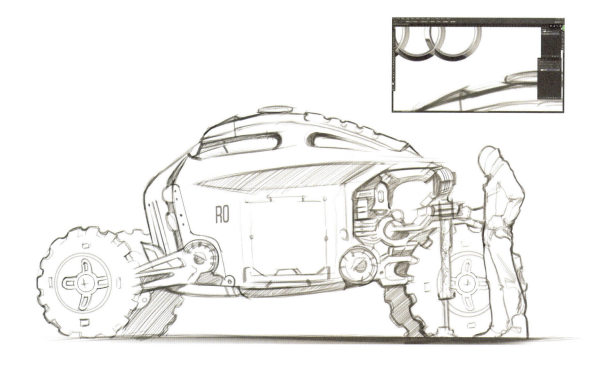

第3章 汽车数字手绘作品的排版

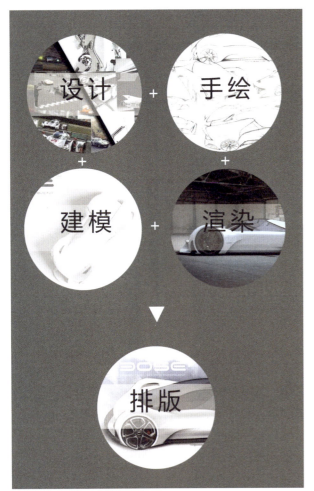

数字手绘除了能够塑造不同的产品效果图单体造型，也可以用来把这些单个的造型经过排版组合在一起，变成一个完整具有版面设计的作品。

应用数字手绘进行效果图排版就像做菜，美味佳肴做出来之前需要有好的食材，同样的道理，一个好的工业设计作品集要吸引人，并且要完美展现，需要有好的作品作为优秀的"食材"。

作品集应包含设计、手绘、建模、渲染这些基本要素以及设计制作过程记录等，这些元素都要经过排版、升华、合集来完成，使用的编排版面工具不限，不过photoshop是目前使用最广泛的作品集版面编排工具。

在努力做好作品的同时，应该想到如何把这些作品综合起来进行排版。这些作品都是单个的手绘草图，可以是彩铅在纸面（A3\A4）上绘制的，也可以是电脑软件数字手绘表达，但是都有一个共同点，那就是都没有排版，只是孤立存在的手绘图而已，我们要把这些单独的手绘图组合成完整版面应该怎样入手呢？

比如你要进行一组汽车草图线稿和上色效果图的完整版面布局的排版，首先要准备好绘制的线稿、草图、润色后的效果图。

（1）线稿

单个的线稿绘制元素一

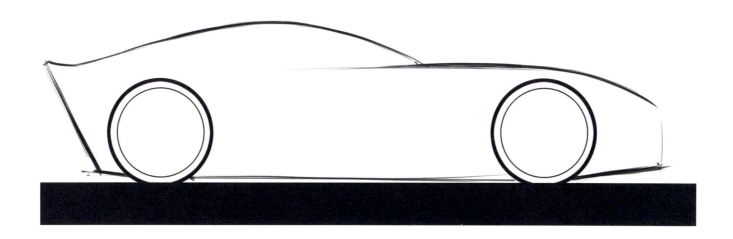

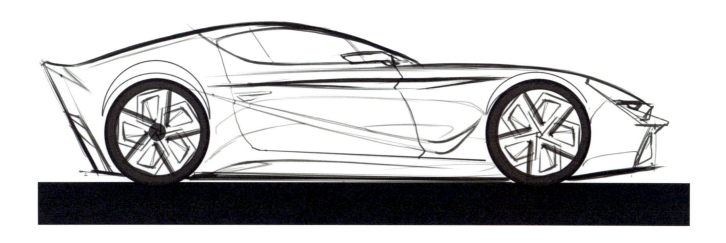

单个的线稿绘制元素二

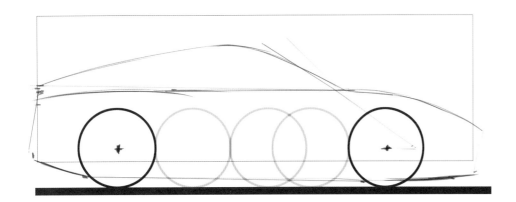

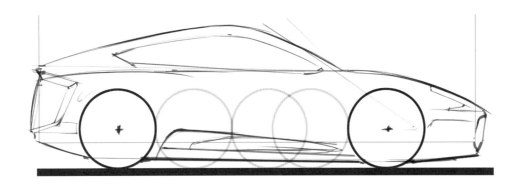

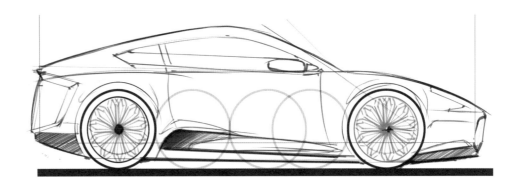

单个的线稿绘制元素三

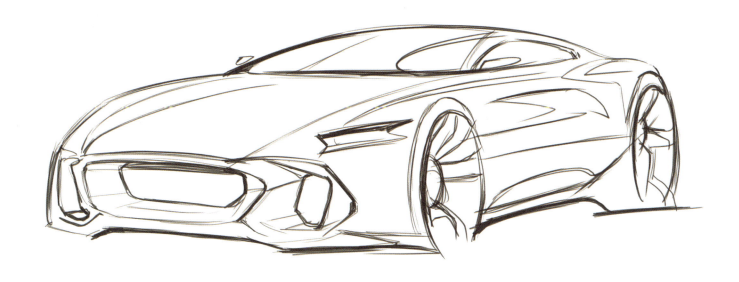

（2）润色

单个的润色效果图元素一

单个的润色效果图元素二

(3)排版

给大家讲一个比较实用的排版方法。首先可以宏观看待版面布局，版面的布局一定要有章法，不能乱布置，单个的手绘图也不能乱摆放在整体画面里。我们可以预先设定出版面内手绘图摆放位置，以带有透视近大远小的方式呈现，并且分出第一视觉中心区域、第二视觉中心区域、第三视觉中心区域、第四视觉中心区域、第五视觉中心区域。由此可见，我们要着重说明的部分是放在第一视觉中心区域的，放在这个区域的图也是最需要说明的，这种版面整体看上去会更有规律性，并且有视觉上的主次对比。

① 设定版面之中几个不同手绘草图缩放的透视角度。

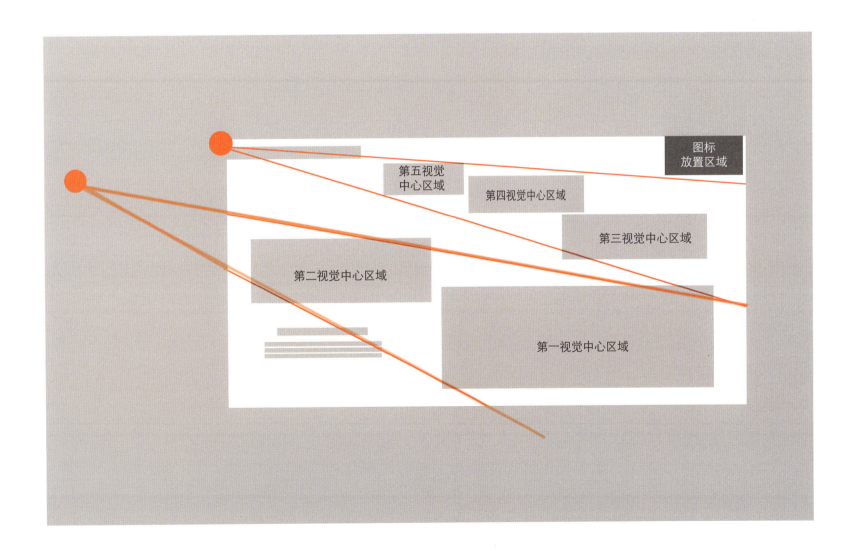

② 应用裁剪工具裁剪出需要的作品集长、宽比例。

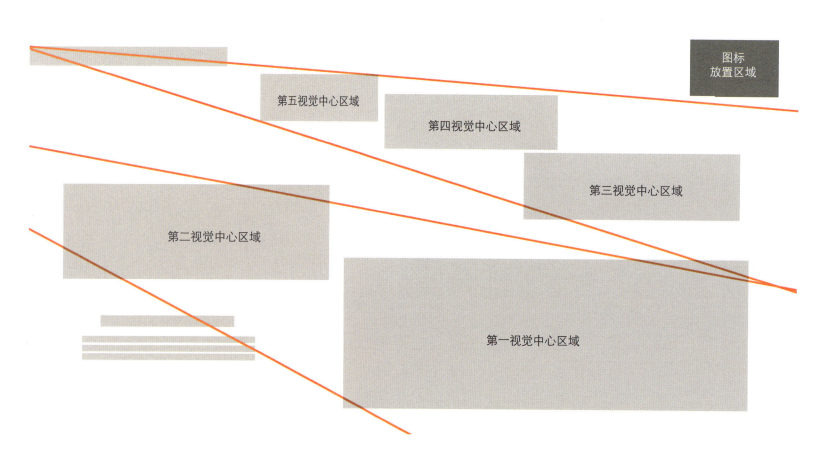

③ 把单个的手绘草图、线稿、效果图依照要表达的主次顺序放置在这些视觉中心区域内。

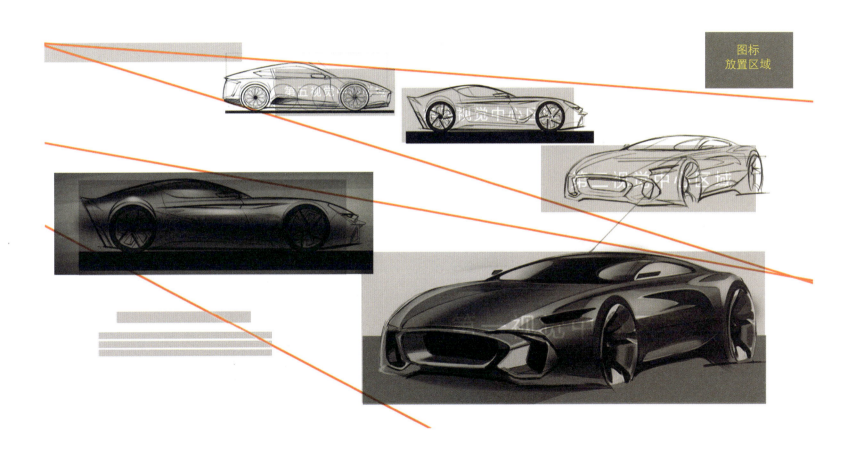

④

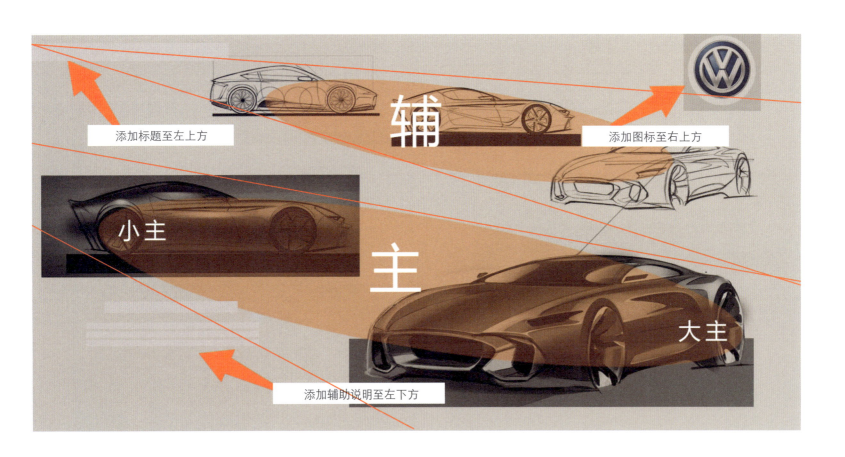

⑤ 把各个单独的元素排版之后的效果展示。

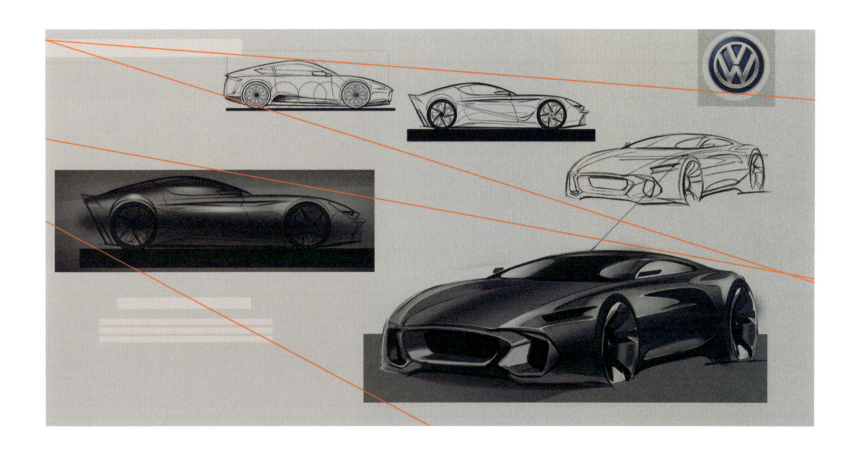

第4章 汽车数字手绘效果图表达赏析

4.1 跑车

案例一

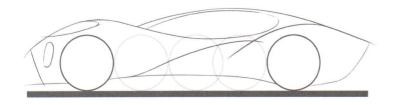

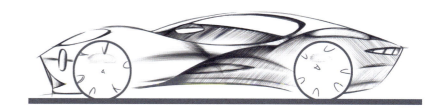

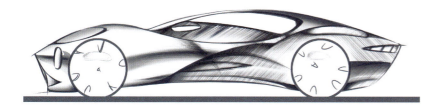

案例二

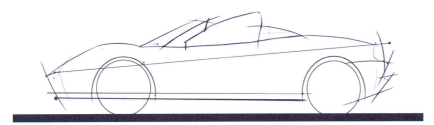

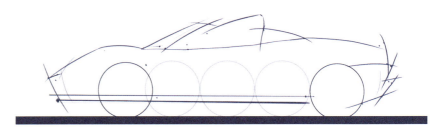

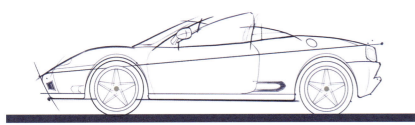

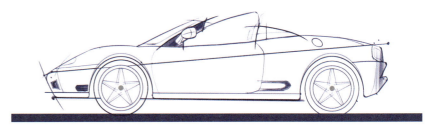

案例三

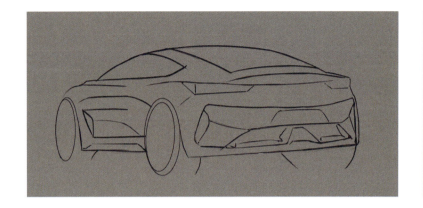
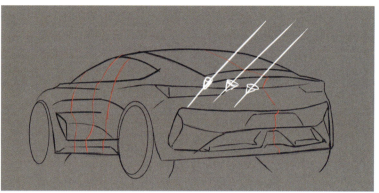

案例四

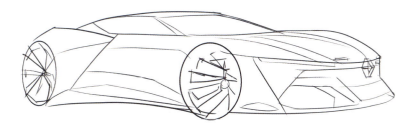
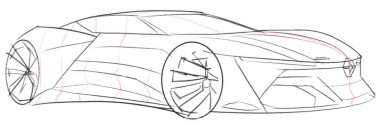

案例五

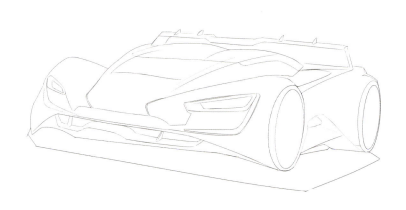

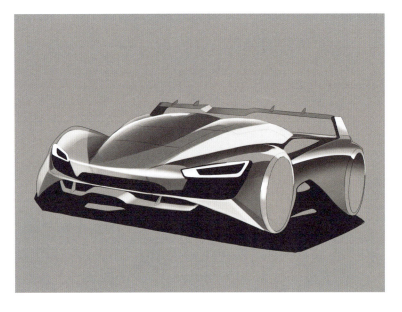

案例六

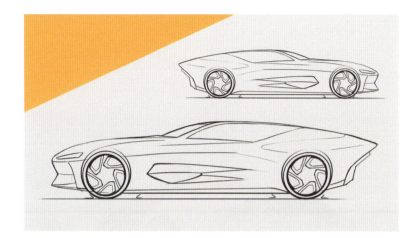
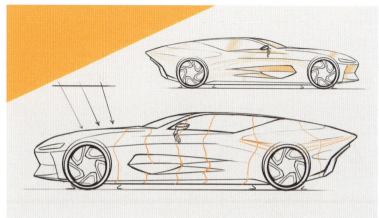

案例七

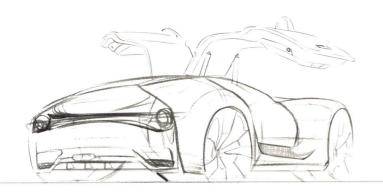

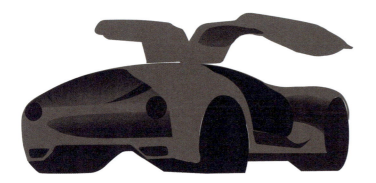

4.2 轿车

案例一

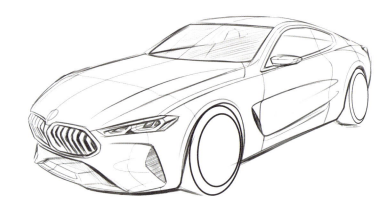

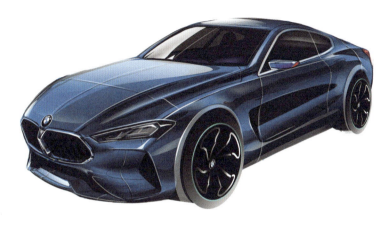

案例二

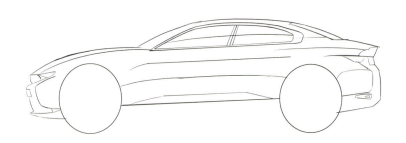

案例三

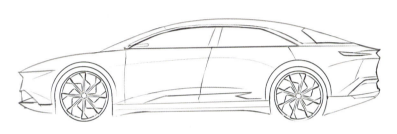

案例四

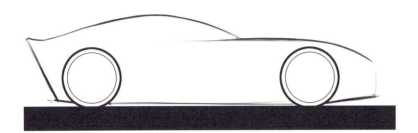

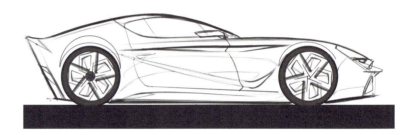

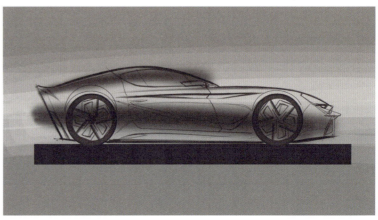

案例五

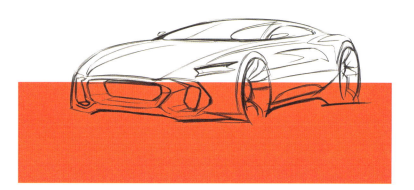

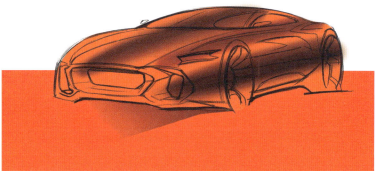

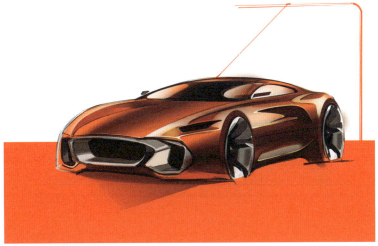

4.3 SUV

案例一

案例二

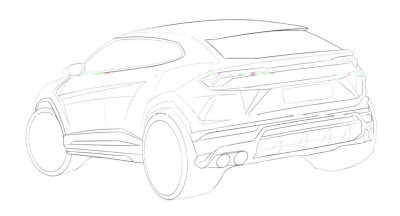

案例三

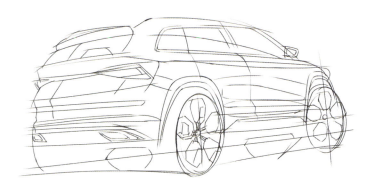
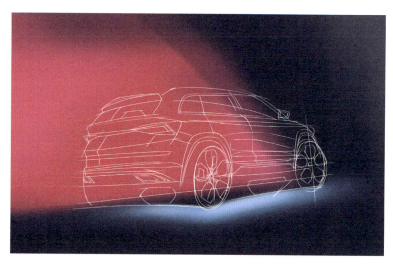

案例四

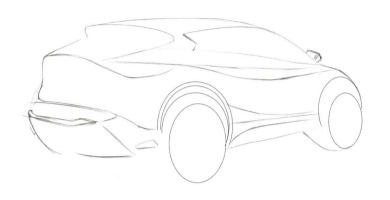

4.4 其他车辆

案例一：越野车

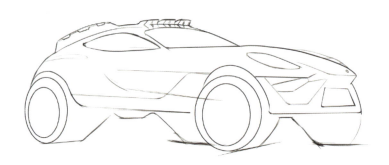
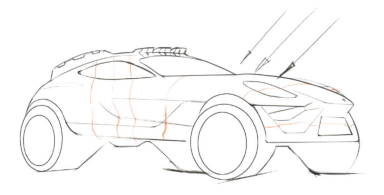

案例二：F1 赛车

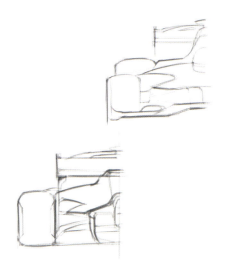
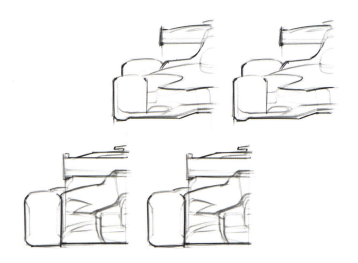
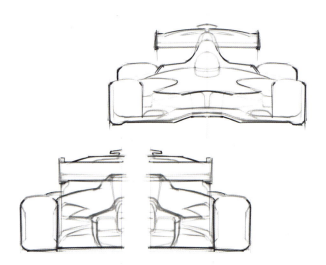
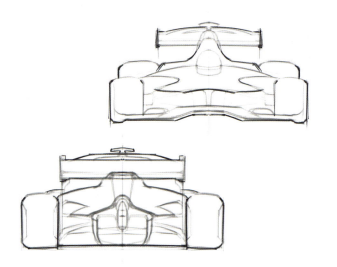

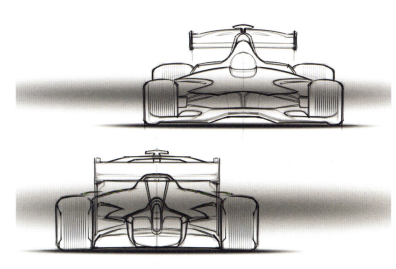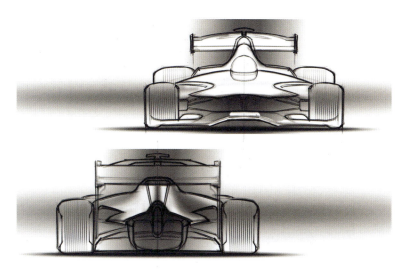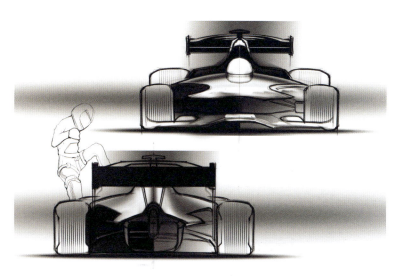